Mein Dank geht an:
Amy, Dirk, Julian, Laura, Marry und Tom,
ohne die dieses Buch nicht möglich gewesen wäre.

Falk Fatal

D1703406

www.edition.subkultur.de

FALK FATAL

- Lügenbaron, Tunichtgut, Aushilfsmisanthrop. Autor.
- Sänger der Oldiepunkband FRONT.
- Herausgeber des gestreckten Mittelfinger Fanzines.
- Gründer und Moderator des Polytox Podcasts.
- Kolumnist des Sensor Magazins sowie Edelfeder für diverse Punkpublikationen.
- Non established seit 1979
- https://fatalerror.biz

- **Ebenfalls bei Subkultur erschienen:**

- „WIR SPIELEN BLINDEKUH AUF DEM MINENFELD DES LEBENS"
  print ISBN: 978-3-948949-10-5
  epub ISBN: 978-3-948949-11-2

- „IM SARG IST MAN WENIGSTENS ALLEIN"
  print ISBN: 978-3-943412-85-7
  epub ISBN: 978-3-943412-86-4

- https://subkultur.de/edition/falk-fatal/

Saure Äppler im Nizza des Nordens

100 Kolumnen

von

FALK FATAL

www.edition.subkultur.de

Die Kolumnen sind zwischen 2012 und 2022 im *sensor* Wiesbaden erschienen. Sie wurden an manchen Stellen sprachlich überarbeitet und, wo notwendig, zum besseren Verständnis um Fußnoten ergänzt. Inhaltliche Änderungen wurden nicht vorgenommen. Die Texte sollten im jeweiligen zeitlichen Kontext betrachtet werden. Sie repräsentieren den damaligen Wissensstand des Autors, nicht den heutigen.

FALK FATAL: „Saure Äppler im Nizza des Nordens – 100 Kolumnen"
1. Auflage, Oktober 2022, Edition Subkultur Berlin
© 2022 Periplaneta - Verlag und Medien / Edition Subkultur
Inh. Marion Alexa Müller, Bornholmer Str. 81a, 10439 Berlin
www.subkultur.de
Cover: Julian Weber (www.retrocartoons.de)
Satz & Layout: Thomas Manegold
Gedruckt und gebunden in Deutschland
Gedruckt auf FSC- und PEFC-zertifiziertem Werkdruckpapier
print ISBN: 978-3-948949-24-2
epub ISBN: 978-3-948949-25-9

Vorwort

von Dirk Fellinghauer, Chefredakteur und Objektleiter des *sensor* Wiesbaden

„Eine eigene Kolumne ist vermutlich der Traum aller Autor:innen, bedeutet sie doch Freiheit beim Schreiben und die Möglichkeit, gnadenlos persönlich zu sein – im Fall des *sensor*s ganz besonders", schreibt Falk Fatal in seiner 100. Kolumne. Als Chefredakteur des Magazins, in dem sich Falk diesen Traum seit seiner 1. Kolumne, im April 2012 erfüllt, kann ich nach 10 Jahren und 100 Kolumnen, konstatieren: Ein Kolumnist wie Falk Fatal – das erfuhr ich Monat für Monat und das bestätigt mir das anlässlich der Veröffentlichung des vorliegenden Buches erfolgte Wieder-Lesen der angesammelten Kolumnen – ist der Traum eines Chefredakteurs. Falk ist ein vielfach besonderer Kolumnist. Die Themen: ein Traum. Die Texte: ein Traum. Der Falk: ein Traum.

Ein wichtiger Hinweis vorweg für alle, die in dieses Vorwort hineinschmökern und/oder in dieses Buch hineinblättern mit dem zweifelnden Gedanken: „Warum sollte ich mir die Kolumnensammlung eines Wiesbadener Stadtmagazins zulegen, ich habe mit dieser Stadt doch gar nichts zu tun?" Ihnen kann ich versichern: Auch für euch lohnt sich die Lektüre – weil Falk zwar aus dieser Stadt und mit dem Standort geschuldeten Fokus auf diese Stadt schreibt, weil er dabei aber auch weit über diese Stadt hinaus schreibt. Über Erscheinungen, Vorkommnisse, Begebenheiten, Phänomene.

Falk Fatal ist ein besonderer Beobachter – und er versteht es meisterhaft, seine Beobachtungen besonders zu vermitteln. Er hat seinen eigenen, unverkennbaren Stil. Dieser aber hat ganz viele unterschiedliche Facetten. „Kennste eine, kennste alle!" – das trifft auf Falk Fatal-Kolumnen ganz gewiss nicht zu.

Falk schreibt immer sehr sorgfältig und, in unterschiedlichsten Variationen und wechselnden Dosierungen: fundiert, subtil, witzig, ernsthaft, substanziell, virtuos, brillant, relevant, unterhaltsam, kurzweilig, auch überraschend, einfallsreich, (selbst-)ironisch, anregend, geistreich, punkig, gerne scharf, mitunter auch böse, aber nie bösartig oder verletzend. Er packt schon mal die grobe Keule aus, operiert aber meistens mit feinstem verbalen Sezierbesteck.

5

Der wunderbare *sensor*-Kolumnist schreibt Monat für Monat über Wiesbaden-Bewegendes und Weltbewegendes, über Naheliegendes und Abseitiges. Er bezieht Stellung, zeigt Haltung. Auch scheinbar Banales erhebt Falk Fatal in den Rang des Beschreibenswerten und damit des Beachtenswerten. Er lenkt die Aufmerksamkeit auch auf Themen, die sonst unter den Tisch fallen, auch auf Menschen, die man sonst gerne übersieht, überhört, übergeht.

Das können Themen sein wie Radverkehr, Gender-Mainstreaming, Alkoholverbotszone und Tanzverbot, Ereignisse wie die Einweihung der neuen *Schlachthof*-Halle (just im *sensor*-Entstehungsjahr 2012, das hatte ich gar nicht mehr auf dem Schirm) oder auch *Charlie Hebdo*, Flüchtlinge, Rassismus oder Volkszählung, diverse Wahlen, EMs/WMs/Olympiaden, Weihnachten nebst Geschenkestress, Silvester und Neujahr inklusive guter Vorsätze.

Falk lässt uns auch immer wieder an Persönlichem teilhaben. Wir trinken mit ihm ein Bierchen oder auch mal einen Rioja, rauchen eine Kippe, erleiden seine Zahnschmerzen, erleben seine Marotten, gehen mit ihm auf Wohnungssuche und ziehen um, hören seine ausgesucht guten Schallplatten (ja, natürlich Vinyl), sind ihm behilflich bei der Klamottenauswahl und begleiten ihn in neue Cafés und beim Gassigehen mit *Bailey*, „der süßesten Hundedame der Welt". Oder auch beim Älterwerden und dessen Begleiterscheinungen. Dabei ist der gute Falk, wie schon bei seiner 1. Kolumne, auch zur 100. immer noch fast auf den Monat genau exakt zehn Jahre jünger als ich.

Faszinierend ist auch, wie Falk es immer wieder schafft, das eine eigentliche Thema eines Textes mit noch manch anderen Themen zu verknüpfen – und umgekehrt. Beeindruckend ist ebenso sein Gedächtnis. Oft stellt er Bezüge zu längst Vergangenem her, um Aktuelles zu vermitteln.

Hinter dem Pseudonym Falk Fatal verbirgt sich übrigens – siehe Altersunterschied – nicht meine Person, wie manche Leser:innen irrtümlich mutmaßen („ach so, ich dachte, DU bist Falk Fatal"), sondern Falk Sinß – im Leben neben *sensor* höchstseriöser Fachjournalist, aber auch Podcaster, Punksänger, Blogger, DJ, Fanzine-Macher, Schriftsteller ... Eine multipel aktive Persönlichkeit also – sicher auch ein Grund für die besondere Qualität und Vielschichtigkeit der Falk Fatal-Kolumnen.

Falk Fatal (be)schreibt mal aktuell, oft aber auch zeitlos, mal allgemeingültig, mal konkret. Das Geschriebene ist mit seinem

Lokalkolorit fast immer ein Beitrag zur Chronik unserer Stadt und mit seinem Aufgreifen des jeweiligen Zeitgefühls immer ein Seismograf unserer Gesellschaft. Mit seinen aufmerksamen Texten zeichnet Falk Fatal ein Wiesbaden-Bild, sein Wiesbaden-Bild. Er schildert die Eigenschaften und Eigenheiten unserer Stadt, lässt uns wissen, was er liebt an Wiesbaden und was ihm stinkt an Wiesbaden. Er greift Wiesbaden-Klischees auf – klopft sie auch ab auf den Wahrheitsgehalt, gleicht sie ab mit der Wiesbaden-Wirklichkeit. Mit seiner eigenen Wiesbaden-Wirklichkeit, die natürlich – wie es sich für eine Kolumne gehört – eine ganz subjektive ist und dabei aber doch auch oft die Wahrheit trifft.

Falk beherrscht das Kunststück, mit seinen Geschichten und für seine Geschichten, die er sicher problemlos ausschweifend erzählen könnte, die Kurve zu kriegen. Und zwar die Kurve, das zu Erzählende in ziemlich exakt 2.700 Zeichen inkl. Leerzeichen – das ist im Magazin gerade mal eine halbe Druckseite – auf den Punkt und zum pointierten Abschluss zu bringen. Und dabei unendlich viel auszudrücken und rüberzubringen.

Das zeigt sich auch an der Resonanz auf Falk Fatal im *sensor*. Meistens sind es positive Rückmeldungen, es gibt wahre Falk-Fatal-Fans. Eine Ladeninhaberin zeigte mir stolz den aufgeschlagenen *sensor* mit der Kolumne „Homo Wilhelminicus" zu unserer Titelstory „Der Kaiser muss weg" und berichtete: „Diesen großartigen Text lese ich allen, die hier hereinkommen, vor." Andere – wenige – sind nicht einverstanden mit dem, was Falk Fatal von sich gibt. Manche lassen sich von seinen Worten auf die Palme bringen oder gar zu Übersprungshandlungen verleiten – etwa der Natur, dass sie fortan keine Auslage unseres Magazins mehr bei sich dulden.

Falk Fatal schreibt für den *sensor* immer wieder anderes und anders, gleichlautend ist nur fast immer die Begleitmail zur zuverlässig pünktlichen Lieferung jedes neuen Textes: „Hier meine aktuelle Kolumne. Hoffe, sie gefällt." Ich könnte mir dazu getrost einen Autoresponder einrichten: „Danke, sie gefällt." Und nicht nur mir.

Mit meiner Frau pflege ich ein Fatal-es Ritual. Ist der neue *sensor* draußen, bringe ich ein druckfrisches Exemplar mit nach Hause. Meine Frau blättert die Ausgabe erst mal komplett durch, dann darf ich ihr mein Editorial vorlesen, dem sie oft spürbar ungeduldig lauscht. Kaum ist da der letzte Satz verklungen, sagt sie so erwartungsfroh wie fordernd: „Und jetzt Falk Fatal!"

Falk Fatal will nicht nach Berlin

Neulich stand ich an der Theke der Kneipe meines Vertrauens. Neben mir stand ein Mann mittleren Alters, so Anfang 40 war er wohl. Im Laufe des Abends kamen wir ins Gespräch. Es stellte sich heraus, dass mein Gesprächspartner, den wir der Einfachheit halber Herrn K. nennen wollen, erst seit Kurzem in Wiesbaden lebt. Zuletzt wohnte Herr K. in Heilbronn.

„Warum ausgerechnet Wiesbaden?", fragte ich ihn.

„Der Liebe wegen", antwortete er.

„Das leuchtet ein", erwiderte ich, nahm einen Schluck und dachte, das Thema sei damit erledigt.

Doch Herr K. legte nach: „Ich habe schon in vielen Städten gelebt. Ich war in Hamburg, in Berlin, in Dortmund, in Stuttgart – überall dasselbe. Die Menschen finden die eigene Stadt immer am langweiligsten. Nimm Wiesbaden. Ich weiß nicht, was alle hier haben. Jeder sagt mir, Wiesbaden wäre sterbenslangweilig, dabei stimmt das doch gar nicht. Hier ist eine Menge los. Man muss halt einfach genauer hinschauen."

Darüber musste ich erst einmal nachdenken und nahm einen weiteren langen Schluck. Ich kam letztendlich zu dem Schluss, dass Herr K. Recht hat. Klar, der Rhein ist nicht die Elbe, Kreuzberger Nächte sind häufig länger als hier in Wiesbaden, der *SV Wehen-Wiesbaden* ist nicht die Borussia, und der hiesige Bahnhof wird auf absehbare Zeit oberirdisch bleiben. Aber kann man das dieser Stadt wirklich vorwerfen? Hat Wiesbaden je behauptet, Berlin, Hamburg, Dortmund oder Stuttgart sein zu wollen? Meines Wissens nicht. Allenfalls ist manchmal die Rede vom „Nizza des Nordens", aber das ist eine andere Geschichte.

Seien wir ehrlich, solche Vergleiche hat diese Stadt doch gar nicht nötig. Das kulturelle Angebot ist groß (natürlich könnte es größer sein, aber in welcher Stadt könnte es nicht größer sein?) Fast jeder Geschmack, jede Neigung wird befriedigt. Bock auf Indie? Ab in den *Schlachthof*[1]. Handgemachte Musik gefällig? Dann solltest du

---

1 Der *Schlachthof* ist ein kollektiv-betriebenes Kulturzentrum, das seit 1995 existiert und sich seitdem zu einem der besten und bekanntesten Kulturzentren Deutschlands entwickelt hat und überregional bekannt ist. Seinen ersten Konzertbesuch im „Schlachter", wie der *Schlachthof*

mal das wunderschöne *Walhalla*[2] besuchen. Aufstrebende Newcomer oder hochklassige Autorenlesungen gewünscht? Der *Kulturpalast*[3] lockt. Oder doch lieber Elektro? Im *Chopan, Basement* oder *Parkcafé*[4] wummern die Beats. Der Sinn steht mehr nach Kunst? Dir ist wohl entgangen, dass Wiesbaden eine Galeriedichte aufweist, wie sie wohl nur wenige deutsche Städte haben. Lust auf Lachen? *Pariser Hoftheater* und *Thalhaus*[5] warten. Du bist mehr der Cineast? Schau doch mal im *Caligari* oder dem Kino der *Murnau-Stiftung*[6] vorbei. Diese kurze, unvollständige Aufzählung zeigt, dass Wiesbaden einiges zu bieten hat. Man muss nur genauer hinschauen. Wem das aber immer noch zu wenig ist oder wer das öde findet, kann ja gehen. Nach Berlin oder wohin auch immer. Ich bleibe hier und berichte davon. Jeden Monat aufs Neue. Ich freue mich drauf.

sensor #1; April 2012

von Einheimischen genannt wird, beschrieb der Autor einst so: „Herbst 1996. Große Aufregung in Kleinpunkerhausen. *Peter & the Test Tube Babies* sollen im *Schlachthof* Wiesbaden spielen. Mittags schon in die Landeshauptstadt. Franz, Sven, Mark und ich haben eine Palette Dosenbier dabei. Wir sitzen zwischen den Fabrikruinen am *Schlachthof* und trinken. Langsam füllt sich das Areal. Lustige Leute gesellen sich zu uns. Wir trinken weiter. Rauschzustand. Haben Spaß. Malen uns die Schneidezähne mit Edding schwarz. Tanzen um ein Verkehrsschild. Dann die erste Band. *Three o'Clock Heroes.* Franz pennt neben den Boxen ein. Wir bekommen ihn nicht wach. Fahren mit ihm ins Krankenhaus. Alkoholvergiftung. *Peter & the Test Tube Babies* verpassen wir natürlich. Trotzdem: mein erstes Mal im *Schlachthof* – eines der lustigsten Konzerte ever."

2 Das *Walhalla* war ein Varieté in der Wiesbadener Fußgängerzone. Es wurde ursprünglich 1897 als „Spezialitätentheater mit Grand Restaurant" mit großem Ballsaal und Spiegelsaal eröffnet. Nach der Neueröffnung im Jahr 2001 war es ein Ort für Theaterperformance, Jazz und Blues bis das historische Gebäude 2017 wegen Brandschutzmängeln geschlossen wurde. Seitdem diskutieren Lokalpolitik und Stadtgesellschaft über verschiedene Sanierungs- und Nutzungskonzepte, während das leerstehende Gebäude langsam verfällt. Der Trägerverein des *Walhallas* bespielt mittlerweile das ehemalige Wirtshaus an der Nerostraße unter dem Namen *Walhalla im Exil.*

3 Der *Kulturpalast* ist ein Veranstaltungsort, in dem vor Corona regelmäßig Konzerte, Disko-Partys, Comedy, Lesungen, Kleinkunst sowie Veranstaltungen aller Art stattfanden. Das erste Mal besuchte der Autor den *Kulturpalast,* der damals noch *Kleiner Tattersall* hieß, Mitte der 1990er-Jahre für ein Konzert der ungarischen Punkband Aurora.

4 *Chopan, Basement* und *Parkcafé* waren oder sind Musikclubs, in denen vor allem elektronische Musik, Hip Hop und Dancemusic gespielt werden. Während das *Chopan* und das *Basement* längst Geschichte sind, existiert das *Parkcafé* bis heute. Im *Chopan* verdingte sich der Autor einige Jahre lang als DJ und legte Swing und Rock'n'Roll- Schallplatten auf.

5 Das *Pariser Hoftheater* und das *Thalhaus* sind Kleinkunstbühnen.

6 Das *Caligari* ist ein über die Stadtgrenzen hinaus bekanntes Programmkino für internationale Arthouse-Produktionen, Dokumentar- und Kurzfilme. Die *Murnau-Stiftung,* benannt nach dem Stummfilmpionier Friedrich Wilhelm Murnau, verwahrt hier einen bedeutenden Teil des deutschen Filmbestandes. Mehr als 6.000 Stumm- und Tonfilme von den 1890er bis in die 1960er-Jahre finden sich in den Archiven. Im Programmkino werden Filmklassiker und Raritäten aus den Stiftungsbeständen sowie aktuelles Festival- und Arthouse-Kino gezeigt.

Falk Fatal erkundet das Nizza des Nordens

Träumerisch flaniere ich durch die Alleen der Stadt. Am Himmel glänzt das Blau, so weit mein Auge reicht, nur einmal kurz geteilt durch den Kondensstreifen eines Passagierflugzeugs, das friedlich seine Warteschleife über Wiesbaden dreht und in Flörsheim[7] wohl die Menschen in den Wahnsinn treiben wird.

Die Sonne lacht und strahlt. Die Knospen knistern, die Winde flüstern, der Lenz ist da, der Lenz ist da. Alle strömen hinaus ins Freie, in den Kurpark, auf den *Kranzplatz*[8] , in die Eiscafés und Biergärten der Stadt. Der Frühling ist schön, wie immer. Fast südländisch das Flair, welches Wiesbaden in solchen Momenten verströmt. Und während man da so sitzt vor seinem Lieblingscafé, Sonne tankt und sich braten lässt wie ein gerupftes Hühnchen am Grillspieß, hört man sie dann doch am Nebentisch: die Rede vom „Nizza des Nordens". Und ich frage mich dann immer: Warum ausgerechnet Nizza?

Woher dieser Spitzname?

Liegt es wirklich nur am milden Klima, das in der zweiten Hälfte des 19. Jahrhunderts wohlhabende und adelige Touristen in die Stadt lockte? Ich fürchte schon. Zumindest konnte mir niemand eine andere Auskunft geben. Und so viele Gemeinsamkeiten haben beide Städte ja auch nicht. Okay, beide haben Fußballvereine, die schon bessere Zeiten gesehen haben. Aber sonst? Nizza ist älter, hat mehr Einwohner, die Bevölkerungsdichte ist deutlich höher, die Stadt liegt am Mittelmeer und nicht am Rhein.

Warum also Nizza und nicht etwa Cannes? Das würde doch viel besser passen. Cannes gilt als mondän, als Stadt der Reichen und Schönen. Sagt man das nicht auch Wiesbaden nach, zumindest eine Stadt der Wohlbetuchten zu sein? Klima und Stadtentwicklung sind ebenfalls ähnlich. Cannes entwickelte sich erst, nachdem es vom Adel entdeckt und zum Ferienort gemacht worden war.

---

7 Flörsheim am Main ist eine Kleinstadt, die zentral im Rhein-Main-Gebiet zwischen Frankfurt am Main und Wiesbaden in einer Einflugschneise von Deutschlands größtem Flughafen liegt.

8 Der *Kranzplatz* ist ein zentral gelegener Platz gegenüber der hessischen Staatskanzlei. Der Platz wurde bereits während der römischen Siedlung Aquae Mattiacorum erschlossen, weil sich dort Thermalquellen befinden. Einmal im Jahr findet dort das *Kranzplatz*fest statt, das langweiligen Coverrockbands eine Auftrittsmöglichkeit bietet.

Und Wiesbaden? Da musste auch erst Kaiser Wilhelm II. sein Kurdomizil an den Rhein legen, damit hier die Jugendstilvillen aus dem Boden sprießen konnten.

Und natürlich sind beides Filmstädte: Cannes hat sein berühmtes Filmfestival, Wiesbaden mit dem *goEast*, dem *Exground*, dem *FernsehKrimi-Festival*, dem *Atlantis Filmfest* und der *Homonale* gleich fünf davon.

Und noch ein Grund spricht für einen neuen Spitznamen: die Unverwechselbarkeit! „Nizza des Nordens" gibt es einige. Timmendorf wird zum Beispiel so genannt. Oder Dinard, ein Badeort in der Bretagne. Bei „Cannes des Nordens" würde Wiesbaden nur mit Binz auf Rügen konkurrieren. Aber wie das so ist mit Spitznamen: Sie zu bekommen geht schnell, sie wieder loszuwerden, klappt manchmal nie.

„Noch 'nen sauren Äppler?", blökt mich plötzlich die Bedienung in meinem Lieblingscafé an und reißt mich aus meinen Gedanken.

„Ja", sage ich und weiß: In Nizza und in Cannes bekomme ich den nicht.

sensor #2; Mai 2012

Falk Fatal verfolgt die Trinkerszene

Neulich hatte sich spontaner Besuch zum Essen angekündigt. Es war ein Sonntag. Für mich kein Problem. Mit einem gut gefüllten Kühlschrank lässt sich immer etwas Leckeres kredenzen, und so fing ich an, die Zwiebeln zu schneiden, das Gemüse zu waschen und das Wasser aufzusetzen. Ein passender Wein musste her. Doch im Weinregal nur gähnende Leere. Also schnell die Treppen runter und rüber zum Kiosk am *Platz der Deutschen Einheit*[9]. Dort stand ich dann etwas ratlos vor dem Weinregal.

Im Zweifel soll man sich ja etwas empfehlen lassen. Das tat ich. Lachend kam der Kioskbesitzer hinter seiner Theke hervor und griff zu einem Rotwein im Tetrapak. „Meine Stammkundschaft schwört auf den hier", sagte er grinsend und empfahl mir dann einen Pinot Noir. Das Essen war gerettet.

Seine Stammkundschaft trifft der Kioskbesitzer seit einigen Jahren seltener auf dem *Platz der Deutschen Einheit* an. Seit September 2008 gilt dort ein Alkoholverbot. Die Trinker haben sich in die Seitengassen verzogen, die nicht mehr zur Verbotszone zählen. Das untere *Westend* zeigt das andere Gesicht Wiesbadens. Nicht nur die Schickeria ist hier zu Hause, sondern auch Armut und soziales Elend. Betrunkene und Junkies, die in Hauseingängen liegen und ihren Rausch ausschlafen, sind dort keine Seltenheit, sondern trauriger Alltag.

Ein wirksames Rezept dagegen hat die Stadt nicht. Das ist auch zu viel verlangt. Dafür sind ihre Möglichkeiten zu klein. Doch ob es hilft, einfach ein Verbot zu erlassen und die Betroffenen von diesem auf einen anderen Platz zu vertreiben, sei ebenso dahingestellt. Verbote und Strafen ändern das Verhalten nur beschränkt. So ist es Rauchern in Wiesbaden seit 2003 verboten, ihre Zigarettenstummel auf den Boden zu werfen. Mit 20 Euro wird dieses Vergehen geahndet

---

9 Der *Platz der Deutschen Einheit* liegt in der Wiesbadener Innenstadt. Bis 2010 war er vor allem ein Parkplatz sowie ein zentraler Busbahnhof für den öffentlichen Nahverkehr. Seit 2014 stehen auf dem Platz eine Sporthalle sowie ein Supermarkt. An den Platz grenzen im Süden das Wiesbadener Gymnasium Elly-Heuss-Schule, im Westen das Polizeirevier und im Norden die Bleichstraße, an deren östlichen Ende der Faulbrunnenplatz liegt. Zentrum des Platzes bilden eine kleine Wiese samt Bach. Der Platz ist aufgrund der hohen Kioskdichte der Bleichstraße und der Nähe zur Teestube des Diakonischen Werks, einer Tagesaufenthaltsstelle für wohnungslose Menschen, ein beliebter Treffpunkt für Obdachlose, Alkoholiker und Drogenabhängige.

– sofern man auf frischer Tat ertappt wird. Die Stummel landen trotzdem auf dem Boden. Hundebesitzer müssen mindestens 100 Euro löhnen, wenn sie den Kot ihrer Vierbeiner auf Gehwegen liegen lassen. Weniger sind die Tretminen dennoch nicht geworden.

Zurück zum *Platz der Deutschen Einheit*. Das Alkoholverbot scheint sich noch nicht überall herumgesprochen zu haben. Seit ein paar Wochen hängen rund um den Platz kleine Verbotsschilder, auf denen jeweils ein Cocktailglas und ein Bierkrug zu sehen ist. Ein international gebräuchliches Piktogramm für Alkoholverbote aller Art sei das, sagt die Stadt. Es soll vor allem dazu dienen, ausländische Gäste darauf aufmerksam zu machen, dass dort der Genuss von Alkohol verboten ist. Bisher mit Erfolg: Die ausschweifenden Cocktailpartys, die sonst während der Maifestspiele und des Pfingstturniers auf dem *Platz der Deutschen Einheit* stattfinden, sind bislang ausgeblieben. Immerhin.

In den Seitengassen der Bleichstraße vegetiert das Elend derweil weiter vor sich hin.

sensor #3; Juni 2012

Falk Fatal zieht um

Ich hasse umziehen. Ich hasse es mit jeder Faser meines Körpers. Nicht, dass ich keine Veränderungen mag. Neue Wohnung, neues Viertel, neuer Lebensabschnitt. Toll. Da kann ich gut mit. Doch bis man so weit ist, dass man die richtige Stelle für das Colt-Seavers-Poster suchen, die Schallplatten fein säuberlich nach Erscheinungsjahr im Regal sortieren und sich nach getaner Arbeit im Ohrensessel vor dem Kamin bei einem Glas Cognac niederlassen kann – bis man so weit ist, vergeht ein erbarmungsloser Kampf.

Es geht schon mit der Suche nach dem neuen Domizil los. Nicht zu klein, nicht zu teuer, im richtigen Viertel und natürlich provisionsfrei soll es sein. Wendet man diese Kriterien an, verkleinert sich die Zahl der Wohnungen, die wöchentlich im Immobilienteil der Tageszeitung zu finden sind, auf eine Handvoll – wenn es gut läuft.

Der Besichtigungstermin. Meistens eine Massenabfertigung. 20, 30, manchmal auch mehr Personen scharren schon mit den Hufen und warten auf den Vermieter. So bleibt Zeit, den Feind mit grimmigem Blick zu mustern. Doch selbst wenn unter den Konkurrenten ein sympathisches Gesicht dabei ist und man unter anderen Umständen vielleicht einen Kaffee zusammen trinken würde – jetzt bloß keine Gefühle zeigen! Man ist schließlich im Krieg! Dann die Wohnungen selbst. Die Annoncen versprechen meistens mehr Schein als Sein. Aber man lernt auch dazu.
    So weiß ich seit einigen Wochen endlich, was eine Durchgangswohnung ist. Eine ehemalige Fünf-Zimmer-Wohnung, deren hinterer Teil eine eigene Wohnungstür bekommen hat und hinter der jetzt „eine ganz liebe, ältere Frau" wohnt. Lieb wird sie schon sein, bloß: Wenn sie in ihre Wohnung will, muss sie dennoch durch den vorderen Teil laufen. Das Verständnis von Privatsphäre mag sich durch *Facebook* und Co. gewandelt haben, ich will trotzdem nicht, dass die Frau durch meine Wohnung schlurft.

Ist die Residenz Fatal endlich gefunden (natürlich nicht über eine Anzeige, sondern über Tipps von Freunden), geht der Kampf weiter. In der linken Ringecke: Nostalgie. In der rechten Ecke: der Wunsch nach wenig Gepäck. „And now Ladies and Gentlemen: Get ready to rumble!" Leider gewinnt bei mir meist die Nostalgie.

Der Tag des Umzugs. Banges Warten. Kommen wirklich alle Umzugshelfer? Verpennt auch keiner? Ich hasse es! Das Ächzen und Stöhnen, wenn man dann die sperrige Couch die fünf Stockwerke nach unten schleppt, sind da fast schon angenehm im Vergleich zu dem seelischen Stress, den ich mir die Wochen davor gebe. Doch jetzt bin ich endlich umgezogen, sitze in meinem Ohrensessel. Im Kamin prasselt das Feuer und ich genieße meinen Cognac. Alle Kisten sind ausgepackt. Bis auf eine. Die steht jetzt im Keller. Um die kümmere ich mich dann später – beim nächsten Umzug.

sensor #4; Juli/August 2012

Falk Fatal steht fragend vor dem Kleiderschrank

Mode an sich bedeutet mir nichts. Ist doch egal, mit was jemand seinen Körper bedeckt. Ob Seide, Baumwolle, Polyester, ob eng geschnitten, sackförmig, in grellen Farben oder schlicht in Schwarz. Ich beurteile Menschen doch nicht nach ihrer Kleidung. Auf die inneren Werte kommt es schließlich an. Und so handhabe ich das auch. Hauptsache, die Kleidung erfüllt ihren Zweck. Im Winter soll ich nicht frieren, im Sommer nicht unnötig schwitzen. Wie das aussieht, wie das auf meine Mitmenschen wirkt? Kümmert mich nicht.

Das rede ich mir gerne ein. Aber das ist natürlich Quatsch. Oft genug stehe ich vor meinem Kleiderschrank und grüble, was ich anziehen soll. T-Shirt oder doch lieber Hemd? Oder vielleicht einen Pulli? Und wenn ich mich dann grundsätzlich entschieden habe, welches Hemd darf es denn sein? Das schwarze? Das weiße? Oder doch lieber das rote, das ich mit der Spraydose verschönert habe? Oder mal ein T-Shirt? Ohne Aufdruck oder doch mit Bandschriftzug? Und welche Band soll es heute sein? Vielleicht das 15 Jahre alte, verwaschene Shirt mit *Hass*-Schriftzug, das mich auf dem Punkkonzert als alten Hasen dastehen lässt, oder doch lieber das weiße *Turbostaat*-Shirt, mit dem ich auch auf der Popper-Party eine gute Figur mache? Und wenn das geklärt ist, geht es weiter. Sakko oder Lederjacke? Schwarze oder Bluejeans? Es ist zum Haareraufen. Ich bin eitler, als ich mir zugestehen möchte.

Kleider machen Leute. Und der erste Eindruck kann über das weitere Wohl und Wehe eines Abends entscheiden. Trägt jemand ein Shirt der *Böhsen Onkelz*, will ich mit ihm oder ihr nichts zu tun haben. Jemand, der einen *Hüsker-Dü*-Schriftzug am Leibe trägt, ist mir gleich sympathisch. Und natürlich will ich einen guten Eindruck hinterlassen.

Mode ist immer ein Statement. Mode steckt voller Codes. Mode dient der Abgrenzung. Welcher Szene jemand angehören will oder nicht. Welche Modeblogs mit Eifer gelesen werden und welche er ignoriert. Bei welchem Händler man einkauft. Bei H&M oder doch eher beim Designer?

Mode provoziert. Das stellte ich zum ersten Mal im zarten Alter von 15 fest. Als meine Mutter ein T-Shirt verschwinden ließ, das sich über unseren alten Bundeskanzler Helmut Kohl lustig machte. Und danach immer mal wieder, wenn sich jemand durch mein Äußeres auf den Schlips getreten fühlte und meinte, mir das kundzutun. Ganz zu schweigen von der Häme, die wirklich exaltierte Typen, wie zum Beispiel Harald Glööckler, auf sich ziehen. Und Mode ist manchmal mehr Schein als Sein. Zieh dem pickligen Jüngling seine Discounterklamotten aus und steck ihn in einen coolen Designerdress: Plötzlich mutiert er zum angesagten Szenehengst. Mal schauen, was mein Kleiderschrank noch so hergibt.

sensor #5; September 2012

Falk Fatal wird um den Schlaf gebracht

„Jennifer, du Schlampe, ich liebe dich!!!", brüllt ein junger Typ, schätzungsweise Anfang 20, in sein Handy, als ich aus meinem Schlaf aufschrecke. „Den Hurensohn bringe ich um!", brüllt er weiter.

Ich blicke auf die LED-Anzeige meines Radioweckers. 5.13 Uhr leuchtet dort in mattem Rot. Den wütenden jungen Mann, der fünf Stockwerke tiefer auf der Straße seine (Ex?-)Freundin zur Sau macht, interessiert das nicht. Dafür einige andere Bewohner des Hauses. Zumindest höre ich die Stimme des Griechen aus dem dritten Stock, der seinerseits den Gehörnten zur Sau macht: „Halt die Fresse. Hier wollen Leute schlafen!", krakeelt er von seinem Balkon herab.

Ich höre auf, mich im Bett herumzuwälzen. Was jetzt kommt, kenne ich. Ich stehe auf, öffne das Fenster und betrachte das Schauspiel. Weitere Fenster gehen auf. Andere Menschen fühlen sich auch um ihren Schlaf gebracht und brüllen das durch die Nacht, und zwar so lange, bis auch der letzte Bewohner der Straße wach ist.

Der junge Mann hat das Gespräch mit seiner (Ex?-)Freundin vorerst beendet. Er widmet sich den Rufern auf den Balkonen und in den Fenstern der Straße. Sollen sie doch die Bullen rufen, schreit er. „Komm doch runter, ich fick dich, du Schwuchtel", lädt er einen älteren Herren aus dem Nachbarhaus zum Tête-à-tête ein. Das animiert andere Schau- und Schreilustige zu wütenden, nicht jugendfreien Kommentaren. Das verbale Pingpong-Spiel nimmt seinen Lauf. An Schlaf ist jetzt nicht mehr zu denken.

Ich zünde mir eine Zigarette an und überlege, was ich dem Typen antun könnte, der mit Jennifer hinter dem Rücken ihres (Ex?-)Freundes poussiert hat und die Schuld für meinen geraubten Schlaf trägt. Mir fallen auf Anhieb einige gemeine Sachen ein. Ihn auf eine Liege schnallen und dann stundenlang – schön langsam natürlich – mit der Gänsefeder über seine Fußsohlen streichen, das könnte Spaß machen. Ich könnte natürlich die Polizei rufen, wie das andere Menschen in Wiesbaden gerne machen. Aber warum? Ich lebe in der Stadt. Ich wollte das so. In Auringen[10] wäre mir das nicht passiert.

---

10 Auringen: Dörflicher Vorortstadtteil von Wiesbaden. Es ist gut möglich, dass hier die Redewendung vom Fuchs, der dem Esel gute Nacht sagt, entstanden ist.

Da würde nur irgendwann ein Hahn krähen. Kurze Wege haben halt ihren Preis.

Deshalb verstehe ich auch nicht, warum es Menschen gibt, die sich sofort bei jedem Fest, das diese Stadt feiert, beschweren müssen. Die drei Tage im Jahr wird man ja irgendwie verschmerzen können. Oder man feiert halt mit. Dann kann man später auch besser schlafen.

Die letzte Glut meiner Zigarette fällt ab, ich drücke die Kippe auf einem Dachziegel aus und begebe mich wieder in mein Bett. 5.45 Uhr zeigt der Wecker mittlerweile an. Um 7.00 Uhr wird er klingeln. Genügend Zeit also für ein gutes Buch. Ich greife zu „Reise ans Ende der Nacht" und schlage die erste Seite auf.

sensor #6; Oktober 2012

Falk Fatal freut sich auf die neue Schlachthofhalle

Bald ist es so weit. Noch ein paarmal schlafen und dann eröffnet der *Schlachthof* seine neue Halle. Und dann auch noch mit Frau Doktor, der süßesten Versuchung, seit es Skamusik gibt. Ich freue mich! Aber nicht allen geht es so wie mir. Leider. Viele trauern immer noch der alten Halle nach.

Ich höre schon jetzt die Kommentare: „Das ist nicht mehr der *Schlachthof*. Früher hatte der aber mehr Flair." Mag sein. Flair hat die alte Halle. Keine Frage. Aber sie ist auch zugig, hat eine schlechte Akustik, und für die Menschen, die darin arbeiten mussten, war es zum Teil eine Zumutung. Ich weiß, wovon ich spreche. Einigen von euch habe ich bestimmt schon einmal einen Drink über die Theke gereicht. Warum also nicht Friede, Freude, Eierkuchen und sich freuen, dass in Wiesbaden etwas Neues entsteht und es wieder einen Ort gibt, an dem nationale und internationale Top-Acts sich die Klinke in die Hand geben werden?

Wahrscheinlich wegen Wehmut. Viele haben dort ihr erstes oder zumindest ihr erstes größeres Konzert besucht, und bald wird dieser Ort plattgemacht. Ich habe auch in der alten Halle mein erstes großes Konzert erlebt. Doch deshalb in Trauerstarre verfallen, weil das Gebäude bald Geschichte ist? Nein!

Der *Schlachthof* meiner Jugend hat schon lange nichts mehr mit dem heutigen *Schlachthof* zu tun. Genau genommen starb der *Schlachthof* meiner Jugend, als zur Jahrtausendwende damit begonnen wurde, die umstehenden Fabrikgebäude abzureißen.

Ich weiß noch, als ich als 16-jähriges Landei dem *Schlachthof* meinen ersten Besuch abstattete. Ich stieg aus der Bahn, lief die Gartenfeldstraße entlang und betrat eine Welt, die ich so zuvor nur aus Filmen kannte. Ein Areal, gefühlt halb so groß wie das Kaff, aus dem ich stamme, voll mit unzähligen verfallenen, leerstehenden Hallen. Irgendwo weiter hinten loderte ein Feuer aus einer Metalltonne. Und Menschen mit bunten Haaren standen davor – solche, vor denen Eltern ihre Kinder immer warnen. Voll Bronx, ey! Und ich mittendrin.

Danach zog es mich immer wieder an diesen Ort zurück. Einfach die Nachmittage verplempern, den Sprayern dabei zusehen, wie sie grauen Beton in Kunst verwandeln und der Enge des Dorfes wenigstens für einige Stunden entfliehen. Mit dem Abriss war damit Schluss. Später kamen die Wiese, die Jongleure und Didgeridoo-Spieler. Die guten Konzerte und Partys blieben. Das wird auch in der neuen Halle so sein. Es liegt an euch, was ihr daraus macht.

Das Leben besteht aus Wandel. Ob man will oder nicht. Es bringt nichts, dem Alten hinterherzutrauern. Jedem Anfang wohnt ein Zauber inne. Ich habe mich verändert. Der *Schlachthof* hat sich verändert. Ich habe ihn immer noch gerne.
Wir sehen uns am 16. November.

sensor #7; November 2012

Falk Fatal ist gegen Weihnachtszentrismus

Das Wort Transpiration taugt wenig, um die Sturzbäche an Schweiß adäquat zu beschreiben, die an meinem Körper herabfließen. Meine Haare pappen im Gesicht. Die Sonne verbrennt die Haut. Die Luft flimmert. Es ist August in der Wiesbadener Innenstadt. Und ich geh' kaputt, brauche Abkühlung. Sofort. Ich habe Durst. Ich stürze in den Supermarkt. Irgendwo ist ein Kühlregal mit Erfrischungsgetränken. Da schleppe ich mich hin.

Dafür muss ich mir meinen Weg erst durch die schmalen Gänge bahnen. Die moderne Supermarktarchitektur lässt mir keine Wahl. Also vorbei an Konserventomaten, Instantkaffee, Waldfruchtkonfitüren, Suppenwürfeln, Dosenwurst, Waschmaschinenpulver, Christstollen, Schokoweihnachtsmännern und Frischkäse.

„Häh, was?", denke ich plötzlich, stoppe ab und drehe mich um. Tatsächlich. Das war keine Fata Morgana, kein dehydrierter Fieberwahn. Da stehen wirklich Schokoweihnachtsmänner. Und Christstollen. Selbst Spekulatiusplätzchen liegen dort schön drapiert auf der Auslage. Fehlt nur noch der Weihnachtsbaum. Aber der kommt bestimmt noch. Es ist ja erst August! August! Was soll das? Spinnen Supermarktbetreiber und Lebensmittelindustrie jetzt total? Mal ganz davon abgesehen, dass bei diesen Temperaturen so ein Schokonikolaus schneller geschmolzen ist, als ich *Jingle Bells* singen kann.

---Schnitt---

Es ist Mitte November. Es ist nass. Es ist grau. Die Schokoweihnachtsmänner lungern noch immer im Supermarkt herum. Wer will auch schon einem Schokoweihnachtsmann den Kopf abbeißen, wenn man noch mitten in der Herbstdepression steckt. Ich nicht. Aber ich verstehe auch nicht, warum vier Monate vor dem Fest der Liebe schon Weihnachtsartikel feilgeboten werden. Wer kauft so etwas? Oh-Du-Fröhliche-Hardcore-Jünger? Der Christkind-Fanclub Naurod? Die Sternschnuppenmägde Nordenstadt? Die Weihnachtslover Walkmühltal?

Mir geht das zu weit. Von mir aus sollen die Supermarktketten im Dezember ihre eingeschmolzenen Osterhasen dann als Weihnachtsmänner verkaufen. Aber nicht im August. Da will ich Sommer,

Palmen, Sonnenschein und nicht Kekse, Krippenspiele, Christbaumschmuck. Ist das zu viel verlangt? Ich bin sicher das Gegenteil von besonders christlich oder weihnachtsaffin. Ich finde nur: Alles zu seiner Zeit.

Ich kaufe mir im Dezember doch auch keine Bermudashorts oder Flip-Flops. Selbst wenn ich es wollte – geht gar nicht. Hängt ja alles voll mit Daunenjacken und Weihnachtsschmuck. Stattdessen kaufe ich hässliche Fleecepullis, verbrenne mir Finger und Gaumen an heißem Glühwein und besuche Weihnachtsfeiern. Aber das ist im Dezember. Nicht im August.

Deshalb Schluss mit dem Weihnachtszentrismus! Gleiches Recht für alle! Erst wenn es im Januar in den Supermärkten Bastmatten und Strandkörbe gibt, will ich im August Baumkuchenspitzen in den Auslagen sehen!

sensor #8; Dezember 2012

Falk Fatal nimmt sich nichts vor

„Alle Jahre wieder" heißt es nicht nur unterm Tannenbaum, sondern auch einige Tage später. Nämlich dann, wenn alle bei „Dinner for one" Blei gießen und sich mit vollem Mund gegenseitig ihre guten Vorsätze für das neue Jahr erzählen: Mehr Sport treiben, sich gesünder ernähren oder die Steuererklärung nächstes Mal wirklich pünktlich abgeben. Der Klassiker ist und bleibt aber: mit dem Rauchen aufzuhören. Blöd nur, dass Silvester ist. Niemand schmeißt die Kippe weg, nur weil auf einmal das Feuerwerk losgeht. Im Gegenteil. Verträumt blickst du in den erleuchteten Himmel, ziehst genüsslich an deiner Kippe, und die Lippen verziehen sich zu einem leichten Lächeln. Jede Zigarette könnte jetzt schließlich die letzte sein. Endlich Nichtraucher, denkst du dir dann.

Die Party geht derweil ihren Gang. Der Alkohol fließt. Irgendwann ist das Kippenpäckchen leer. Eigentlich der richtige Zeitpunkt, endgültig aufzuhören. Stattdessen geht es in die kalte Nacht zum Zigarettenautomaten. Das neue Jahr hat zwar schon begonnen, doch das wird ignoriert. Die Party begann am Vortag, das neue Jahr beginnt also erst am nächsten Morgen. Du qualmst, als ob es kein Morgen gebe. Gibt es aber. Dann fällst du ins Bett. Stunden später wachst du auf. Die Vitalkräfte reichen noch für „Neujahrsspringen" und „Traumschiff". Die Bronchien stoßen derweil schwarze Klumpen hervor. Das zerknitterte Päckchen bleibt unangetastet in der Hosentasche – bis zum Wochenende.

Du fühlst dich gut. Das alte Laster scheint besiegt. Grund genug, darauf anzustoßen. Einmal, zweimal – den ganzen Abend lang. Und irgendwann kommt aus einer dunklen Ecke das Verlangen hervorgekrochen. Die zerknitterte Schachtel macht sich bemerkbar. Schon hast du wieder eine Kippe im Mund.

Tage später. Stammtisch mit den Kumpels. Es wird gelacht, es wird getrunken. Irgendwann erhebt sich der ganze Tisch und geht vor die Tür rauchen – bis auf dich. Du bleibst sitzen und starrst trübsinnig in dein Bier, bis die Kumpels zehn Minuten später feixend und lachend zurückkommen. Eine halbe Stunde später dasselbe Schauspiel – fast. Denn dieses Mal stehst du auf und gehst mit vor die Tür. Dort steckst du dir eine Zigarette an, nur wegen des Geschmacks natürlich.

Die nächsten Wochen schnorrst du öfters deine Kumpels an. Bis irgendwann einer sagt: „Kauf dir doch mal selbst ein Päckchen." Das tust du dann auch. Und der gute Vorsatz wird zu einer Idee, für die die Welt noch nicht bereit gewesen ist.

Ich weiß, wovon ich rede. Ich bin jetzt Mitte 30, die Hälfte meines Lebens habe ich geraucht. In den vergangenen acht Wochen bin ich nur zweimal mit den Kumpels vor die Tür gegangen. Ein Anfang immerhin. Einen guten Vorsatz fürs neue Jahr habe ich nicht. Ihr etwa?

sensor #9; Januar 2013

Falk Fatal geht wählen

Am 24. Februar ist es so weit: Wiesbaden wählt einen neuen Oberbürgermeister. Vielleicht wird es dieses Jahr sogar eine richtige Wahl und nicht so eine Pseudoveranstaltung wie 2007, als der Gewinner schon vorher feststand. Damals hatte die SPD Wiesbaden schlicht vergessen, ihren Kandidaten, Ernst-Ewald Roth, zur Wahl anzumelden. Der Kandidat der CDU, Helmut Müller, hatte leichtes Spiel, errang fast zwei Drittel der Wählerstimmen und siegte mit haushohem Vorsprung vor den übrigen Bewerbern.

Die Chancen stehen gut, dass es dieses Jahr anders wird und Müller sich mehr ins Zeug legen muss. Wer weiß, vielleicht wird es am 10. März sogar einen zweiten Wahlgang geben? Die SPD hat dieses Mal nämlich ihren Kandidaten, Sven Gerich, rechtzeitig angemeldet. Auch Bündnis 90/Die Grünen, die neugegründete Partei „Die Mitte" sowie Peter Silbereisen als parteiloser Kandidat treten gegen Müller an. Die Piraten hingegen haben ihren Kandidaten, gerade noch rechtzeitig, wieder abgemeldet.

Doch wen werden die Wiesbadener wählen? Werden sie die Programme der Bewerber um das höchste Amt der Stadt studieren und sich dann rational den Kandidaten aussuchen, der für sie das beste Programm hat? Keinesfalls! Der größte Teil der Menschen, die zur Wahl gehen, schaut sich die Gesichter der Bewerber an und trifft dann im Bruchteil einer Sekunde seine Wahl. Das zumindest haben Psychologen der Princeton University in New Jersey und der Universität Luzern in zwei verschiedenen Untersuchungen herausgefunden. Demnach fällen wir unsere Wahlentscheidung viel mehr nach Äußerlichkeiten, als uns vielleicht lieb ist. Der Spruch „Nur die inneren Werte zählen" mag in der Liebe zutreffend sein (nicht vergessen übrigens: am 14. Februar ist Valentinstag!), in der Politik ist er fehl am Platz. Wirkt das Gesicht eines Politikers inkompetent oder gar bedrohlich, kann er oder sie die Wahl eigentlich vergessen. Vereint das Gesicht beide Attribute, gehen die Chancen schon fast gegen null. Was das jetzt für die OB-Wahl bedeutet, mag ich nicht beurteilen.

Wer auf wen wie kompetent oder attraktiv wirkt, ist ja auch eine Typfrage. Und die hat ebenfalls Auswirkungen auf das

Wahlverhalten. Politologen der University of Nebraska in Lincoln fanden heraus, dass schreckhafte Personen eher zu konservativen Ansichten neigen als gefasste Menschen. Forscher der Virginia Commonwealth University in Richmond bestätigten das. Demnach gehen Ekel und die Angst vor ansteckenden Krankheiten eher mit einer konservativen politischen Haltung einher als mit liberalen und linken Einstellungen. So wird uns der Wahlausgang auch etwas über die Wiesbadener Angstzustände verraten, zumindest über den Teil der Bürger, die zur Wahl gehen. 2007 waren das knapp ein Viertel der Wahlberechtigten. Es wäre schön, wenn es dieses Jahr mehr werden würden.

sensor 10; Februar 2013

Falk Fatal will sich das Tanzen nicht verbieten lassen

Ich weiß zwar nicht, was ihr am 29. März macht. Ich weiß nur, was ihr nicht machen werdet: tanzen! Zumindest wenn ihr das Gesetz achtet. Denn an Karfreitag herrscht Tanzverbot in Hessen[11]. Und nicht nur tanzen ist verboten, sondern eigentlich alle öffentlichen Veranstaltungen, die nicht den diesem Feiertag entsprechenden ernsten Charakter tragen.

Das Gesetz hat zwar schon ein paar Jahre auf dem Buckel, wird aber immer noch angewandt. Keine Angst, tote Hose wird am Karfreitag in Wiesbaden trotzdem nicht sein. Gaststätten dürfen öffnen. Und wenn ein Gast plötzlich aufspringen und anfangen sollte, sich rhythmisch zur Musik zu bewegen, gibt das noch keinen Ärger. Wenn das aber plötzlich alle Gäste machen würden, könnte der Wirt ein Problem bekommen. Denn ein Verstoß gegen das Tanzverbot kann mit einer Geldbuße von bis zu 1.000 Euro geahndet werden. Doch wer jetzt denkt, er könnte einem besonders missliebigen Kneipenwirt ein Schnippchen schlagen und einfach tanzen, bis dieser zur Kasse gebeten wird, liegt falsch. Denn Tänzer, die sich trotz Aufforderung des Veranstalters nicht an das Tanzverbot halten, müssen ebenfalls zahlen. Selbstverständlich wird das Ordnungsamt die Einhaltung kontrollieren, versichert die Stadt Wiesbaden.

Keine Ahnung, was ihr davon haltet. Ich halte das Gesetz für eine Frechheit gegenüber allen, die nicht Mitglied einer christlichen Kirche sind. Das sind mittlerweile eine Menge. In Wiesbaden ist der Bevölkerungsanteil der beiden großen christlichen Volkskirchen von 1987 bis 2010 von 75 auf 50 Prozent gesunken. Das heißt, die Hälfte der Wiesbadener muss sich einem religiösen Gesetz beugen, obwohl sie nicht Mitglied dieser Religionsgemeinschaften sind. Im gleichen Zeitraum hat sich die Zahl der Muslime übrigens verdreifacht. Rund 30.000 Muslime leben mittlerweile in Wiesbaden. Was wäre das für ein Aufschrei, müsste sich der Rest der Bevölkerung einem muslimischen Feiertag unterordnen.

---

11 Paragraf 8 Abs. 1 des Hessischen Feiertagsgesetzes legt fest, dass an Karfreitag, am Volkstrauertag sowie am Totensonntag öffentliche Tanzveranstaltungen verboten sind.

Jetzt werden einige sagen, wenn ich gegen das Tanzverbot bin, sollte ich auch nicht in den Genuss der arbeitsfreien Tage kommen, die in Deutschland zum Großteil christliche Feiertage sind. Aber hier verhält es sich anders. Denn das Gebot, die Arbeit an diesen Tagen ruhen zu lassen, gilt schon lange nicht mehr. Auch an diesen Tagen wird gearbeitet. Zum Beispiel an Tankstellen, in Bahnhöfen oder in Krankenhäusern. Ganz zu schweigen von dem Heer der Selbstständigen, die arbeiten, wann sie wollen.

Ich möchte keinem Christen vorschreiben, wie er den Karfreitag verbringt. Wer da nicht tanzen will, soll es lassen. Ich möchte nur selbst entscheiden können, wann ich tanzen will. Um nichts anderes geht es mir. Im Übrigen gibt es viele Christen, die das Tanzverbot ebenso ablehnen wie ich.

sensor #11; März 2013

Falk Fatal hätte gern die Zähne von Richard Kiel[12]

Nichts wie raus! Wer kennt es nicht, dieses Gefühl, endlich mal die eigenen vier Wände, das langweilige Meeting oder die Stadt zu verlassen. Mich befällt dieses Gefühl regelmäßig – vor allem, wenn, wie zu zuletzt, nach einem langen, dunklen Winter blauer Himmel und Sonnenschein vom Frühling künden. Meist ist es ja auch kein Problem, mal rauszukommen. Okay, einfach das Meeting verlassen kommt vielleicht nicht so gut an bei Vorgesetzten und Kollegen. Aber auch das dauert nicht ewig. Mich zieht es dann ins Grüne oder vor die Straßencafés, um bei Cappuccino und Kippe die Sonne zu genießen.

Dieses Jahr ist das anders. Der Grund: ein kaputter Zahn. Und der muss nichts wie raus! Sagt mein Zahnarzt. Er hat recht. Wochenlang quälte und lähmte mich ein pochender Schmerz, der am Schluss den halben Oberkörper erfasste und von dem die Ärzte lange unsicher waren, woher er kommt. Bis eine neue Röntgenaufnahme meines Kiefers endlich für Klarheit sorgte. Deshalb werfe ich dieses Mal alle Vorurteile, die ich über Zahnärzte habe, über Bord und stimme uneingeschränkt zu. Schließlich bringt es nichts, den Boten für die schlechte Nachricht zu köpfen. Was kann der Zahnarzt dafür, dass die Evolution zwar vieles richtig, aber bei den menschlichen Zähnen einen entscheidenden Fehler gemacht hat?

Nämlich die Zähne mit Nerven auszurüsten, die dann und wann sehr schmerzhafte Signale aussenden. Für was soll das gut sein? Warum können Zähne nicht einfach schmerzunempfindliche Hauer sein, die stumpf das ihnen Dargebotene zerkleinern und zermalmen? Nie mehr Zahnschmerzen und Wurzelbehandlungen – ach, wäre das schön. Die blank gewienerten Stahlzähne des Beißers aus James Bond machen sicherlich nie Mucken.

Diese Gedanken gehen mir durch den Kopf, als sich eines Morgens zwei Augenpaare mit Mundschutz über meinen weit geöffneten Mund beugen, mir Spritzen in die Mundhöhle rammen und dann

---

12 Richard Dawson Kiel war ein US-amerikanischer Schauspieler. Bekannt wurde er durch seine Rolle als „Beißer" in den James-Bond-Filmen „Der Spion, der mich liebte" und „James Bond 007 – Moonraker – Streng geheim". Charakteristisch für seine Rolle war neben seiner Körpergröße von 2,18 Meter, das Metallgebiss, das Kiel als „Beißer" trager musste und mit dem er in den James Bond Filmen alles zerbeißen konnte, was ihm in den Weg kam.

mit einem zangenähnlichen Instrument am bösen Backenzahn zerren. Der leistet zunächst Widerstand, es knirscht und knackst. Zum Glück bin ich betäubt und spüre: nichts.

Nicht wie damals, als die Betäubung nicht wirken wollte und mein alter Dorfzahnarzt trotz meiner Schmerzensschreie den Weisheitszahn mit den Worten „Stell dich nicht so an" zog. Nicht so heute. Fünf Minuten später hält der Zahnarzt den Bösewicht triumphierend in die Höhe und ich würde ihm *High five* geben, wenn ich durch das Schmerzmittel nicht noch so benommen wäre.

Die dicke Backe, die in den nächsten Tagen mein Gesicht verzieren wird, und die Tütensuppen, die mein Hauptnahrungsmittel sein werden, kümmern mich nicht. Endlich keine Schmerzen mehr. Und in wenigen Tagen schon heißt es auch für mich: Nichts wie raus. Ins Grüne, in die Straßencafés. Endlich.

sensor #12; April 2013

Falk Fatal ist perplex

Manchmal geschehen in dieser Stadt Dinge, die hauen mich einfach um. Neulich schlenderte ich durch die Straßen unseres Viertels und wurde Zeuge eines bizarren Schauspiels. Am Straßenrand stand eine Rentnerin gemeinsam mit einer jungen Frau mit Kinderwagen. Beide unterhielten sich angeregt und starrten dabei auf die Straße, die zu diesem Zeitpunkt wenig befahren war.

In der Fahrbahnmitte saß ein Vogelküken, das anscheinend ihre Aufmerksamkeit erregt hatte. Einen dunkelhäutigen Mann mittleren Alters, der in diesem Moment auf der anderen Straßenseite entlangspazierte, winkten die beiden eilig zu sich herüber. Der Mann schien überrascht, trottete aber zu ihnen.

Ich war mittlerweile in Hörweite, als die Rentnerin zu dem Mann folgende Worte sagte: „Entschuldigen Sie, aber wären Sie so nett und könnten das Küken von der Straße holen und dort an zu dem Baum setzen?" Dabei zeigte sie mit ihrer rechten Hand auf einen Baum, der ein paar Meter weiter vor ihnen stand. „Wissen Sie, hier fahren doch immer Autos und es wäre doch schade, wenn das Küken totgefahren werden würde."

Der Mann schaute sie verwundert an, ging dann aber doch zu dem Küken, hob es auf und setzte es vor dem Baum ab. Zum Abschluss rief die Rentnerin dem Mann zu: „Vielen, vielen Dank!"

Dann wandte sie sich wieder der jungen Frau zu und sagte zu ihr: „Ein ganz feiner Kerl, dieser Mann. Ein Deutscher hätte nicht geholfen. Aber ich sage ja immer: Unsere Ausländer sind die besten!"

Die junge Frau nickte verständnisvoll. Dann gingen beide weiter ihres Weges. Ich blieb perplex zurück und ließ mir das eben Gehörte noch einmal durch den Kopf gehen.

Unsere Ausländer, wer zum Teufel soll das bitte sein? Und warum sind es *unsere* Ausländer? Gibt es wieder Leibeigenschaft in diesem Land? Ich habe zumindest nichts davon gehört, also denke ich, dass auch weiterhin jeder sein eigener Herr ist. Und warum sollen *unsere Ausländer* die besten sein? Weil sie besser sind als Ausländer in Frankreich oder Spanien? Ist das eine neue, perfide Form des Nationalismus? Und was bedeutet das im Umkehrschluss? Dass die Prolls, die ihren Jahresurlaub sangria- und biersaufend am Ballermann verbringen, die schlechteren Ausländer sind? Okay, diesen Punkt würde ich bejahen. Aber nicht, weil sie in diesem Moment Ausländer sind, sondern sich wie die Axt im Walde verhalten. Kein Mensch ist besser oder schlechter als ein anderer aufgrund seiner Herkunft, seines Äußeren oder seines Glaubens. Das entscheiden ganz allein seine Taten!

Ich weiß, die alte Frau hat es bestimmt nur gut gemeint. Aber das Gegenteil von gut ist gut gemeint. Immer noch perplex und leicht belustigt, spazierte ich schließlich nach Hause und begann mir Gedanken über das nächste Urlaubsziel zu machen. Lieber Frankreich oder doch lieber Spanien?

sensor #13; Mai 2013

Falk Fatal legt die Füße hoch

In der Nerostraße hat ein neues Café eröffnet. Eigentlich eine Nachricht, die so weltbewegend ist wie die Mitteilung, dass in China ein Sack Reis umgefallen ist, in Bayern ein CSU-Amigo seinen Schäferhund als Bürohilfe angestellt hat oder dass Bayern München das Festgeldkonto öffnet und einfach für fünf Milliarden Euro die komplette Bundesliga kauft. Warum ich das Café hier trotzdem erwähne? Man bezahlt nicht für seine Getränke, sondern für die Zeit, die man dort verbringt. Normalerweise werden Café- und Kneipenbesitzer fuchsig, wenn der pensionierte Lehrer Stunden braucht, um eine Tasse Kaffee zu trinken oder sich das Pärchen zwar ewig verliebt in die Augen blickt, aber die Weingläser kaum anrührt. Im Café *Slow Time* können sie das tun, ohne dass die Bedienung einen auffordert, noch etwas zu bestellen.

Ein schöner Gedanke, denn normalerweise ist die Zeit unser größter Feind. Immer sitzt sie uns im Nacken. Immer wartet der nächste Termin. Immer soll die Zeit sinnvoll genutzt werden. Wer dagegen dem Müßiggang frönt, gilt als komisch.

Unsere Gesellschaft ist so durchgetaktet, dass kaum noch Zeit zum Verschnaufen bleibt. Morgens früh jagt uns der Wecker aus dem Bett, damit wir pünktlich auf der Arbeit oder in der Uni erscheinen. Dort muss immer mehr in meist immer weniger Zeit erledigt werden. Dank moderner Kommunikationsmittel oft auch über den Feierabend hinaus.

Da Arbeit nicht alles ist, hetzt man abends vielleicht noch weiter in die Lieblingskneipe, um Freunde zu treffen, in den Club, um ein Konzert oder eine Lesung zu sehen. Vielleicht wartet auch ein Hobby: die Bandprobe, das Fitnessstudio, die Skatrunde, das Fußballtraining, der VHS-Kurs oder die Theaterprobe. Doch immer sitzt die Zeit im Nacken. Unaufhörlich schreitet der Zeiger auf der Uhr voran. Denn wer abends zu spät ins Bett fällt, kommt Stunden später noch schwerer aus den Federn als sonst. Und wer Familie oder einen Partner hat, will natürlich auch die nicht zu kurz kommen lassen. Im Gegenteil.

Und dann die Wochenenden. Da wird nachgeholt, was unter der Woche auf der Strecke geblieben ist. Großeinkauf, ins Grüne fahren,

Verwandte besuchen, Heimwerken oder im Garten Unkraut jäten. Dann ist das Wochenende wieder vorbei, und die Tretmühle geht von vorne los.

Es ist kein Wunder, dass die Zahl der stressbedingten Erkrankungen immer größer wird. Burn-out, gilt vielen mittlerweile als Volkskrankheit. Die Lösung klingt so einfach und fällt vielen doch so schwer: Einfach mal abschalten, die Füße hochlegen und nichts tun. Von außen betrachtet sieht das Café *Slow Time* wie der perfekte Ort dafür aus. Die Sofas und Sessel laden zum Verweilen ein. Selbst ausprobiert habe ich es leider noch nicht. Mir fehlte bisher die Zeit dafür. Die werde ich mir jetzt nehmen.

sensor #14; Juni 2013

Nachtrag: Zwei Monate später schloss das Café *Slow Time* wieder. Die Zeit war noch nicht reif für Entschleunigung.

Falk Fatal kämpft sich durch den Zahlensalat

7.000! In Worten: siebentausend. So viel Menschen leben weniger in Wiesbaden als gedacht. Statt 277.000 Menschen leben nur noch 269.121 Personen in der hessischen Landeshauptstadt. Relativ gesehen, bedeutet das einen Bevölkerungsschwund von 2,9 Prozent. Doch keine Angst, die Menschen sind nicht weggezogen, verstorben oder sonst irgendwie verlustig gegangen. Sie haben nie existiert! Sie waren Karteileichen, wie die Stadt Wiesbaden mitteilt. Das ist eines der Resultate der großen Volkszählung, die vor zwei Jahren stattfand und sich Zensus 2011 nennt.

Aber nicht nur die reine Bevölkerungszahl ist erhoben worden, es wurden auch sogenannte soziodemografische Daten gesammelt. So werden Bevölkerungsmerkmale wie Alter, Geschlecht, Religion oder Bildung genannt. Die Statistiker gingen dafür nicht einfach von Tür zu Tür und haben die Namen auf den Klingelschildern gezählt. Nein, hier handelte es sich um einen registergestützten Zensus, bei dem auch Daten vorhandener Verwaltungsregister genutzt und mit verschiedenen Stichprobenerhebungen verknüpft wurden.

Man hätte wahrscheinlich auch die *Facebook*-Profile der Wiesbadener auswerten können und wäre auf ähnliche Ergebnisse gekommen, aber nun gut. Doch zurück zu den Zahlen. Zum Beispiel gab es 2011 exakt 142.536 Wohnungen in Wiesbaden, von denen 4.432 leer standen. Wie viele davon von einem Makler vermittelt werden, wurde leider nicht gefragt. Ich tippe auf rund 4.400. Um die restlichen 32 kloppen sich dann die Wohnungssuchenden. Dafür gibt es in Darmstadt mehr selbst genutztes Wohneigentum als in Wiesbaden. Wer hätte das gedacht? Aber das liegt wahrscheinlich nur daran, dass die Besitzer in Wiesbaden ihre Buden von einem Makler vermieten lassen. Übrigens ist die Durchschnittswohnfläche in Wiesbaden 81,1 Quadratmeter groß. Wohnt ihr überdurchschnittlich? Ich nicht. Ist trotzdem eine schöne Wohnung.

Doch nicht nur die Volkszählung bringt schöne Zahlen hervor. Auch das BKA veröffentlichte neulich einen riesigen Datenberg. So sind laut der jüngst veröffentlichten Kriminalstatistik in Wiesbaden

23.118 Verbrechen im Jahr begangen worden. Damit ist die Landeshauptstadt relativ gesehen die sicherste Großstadt Hessens und die drittsicherste in Deutschland! Jubel! Tusch und Juchhee! Und das, obwohl laut der Stadt Wiesbaden der Bahnhofsvorplatz der einzige öffentliche Platz ist, der hier kameraüberwacht ist.

Aber das sind nur Zahlen. Sobald irgendwelche Idioten vom Dach mit einem Gewehr herumballern, lesen sich die Kommentare bei *Facebook*, als sei das hier Johannesburg. Die gefühlte Temperatur stimmt halt nicht immer mit der reellen Temperatur überein. Deshalb gilt noch immer: Die Wahrheit liegt auf der Straße.

sensor #15; Juli/August 2013

Falk Fatal deckt den Kuckucksuhrschwindel auf

Vor einiger Zeit bekam ich eine Urlaubskarte zugeschickt. Ich weiß nicht, ob die jüngeren Leser diese MMS der analogen Welt noch kennen. Gewöhnlich zierten Strände, Berge oder irgendwelche Sehenswürdigkeiten die Vorderseite der Karte, die Rückseite enthielt einen kurzen Gruß. Etwa: „Der Urlaub ist schön. Uns geht es gut. Liebe Grüße." Umso überraschter war ich, neulich solch ein Relikt einer vergangenen Zeit in meinem Briefkasten zu finden. Die Vorderseite zeigte ein Fachwerkhaus mit einem großen Zifferblatt. Die grüne Wiese davor bevölkerten Menschen in komischen Trachten. Absender war ein guter Freund vor mir aus dem hohen Norden, dem ich vor einigen Jahren einmal Unterschlupf in meinem bescheidenen Domizil gewährt hatte. Die genauen Umstände seiner Flucht tun hier nichts zur Sache.

Wie es sich als guter Gastgeber gehört, zeigte ich dem damals noch jungen Mann die Sehenswürdigkeiten unserer geliebten Landeshauptstadt und damit natürlich auch die Kuckucksuhr. Diese steht seit 1953 vor dem Souvenirladen an der Burgstraße. Davor kuckuckte es seit 1946 jede halbe Stunde in Spuckweite von seinem heutigen Standort am Kaiser-Friedrich-Platz vor dem Nassauer Hof. Warum Emil Kronenberger, der Gründer des Souvenirladens, gerade eine überdimensionierte Kuckucksuhr in die Fensterfront seines Ladens platzierte, wissen nicht einmal Historiker. Es wird vermutet, dass die Uhr als Werbe-Gag gedacht war, um Kunden in den Laden zu locken. Irgendwer verlieh der Uhr schließlich den Titel „Größte Kuckucksuhr der Welt".

Keine Frage, dass mein Flüchtling diese Uhr sehen musste. So etwas sieht man ja nicht alle Tage. Wir machten also ein Erinnerungsfoto, und ich dachte, damit wäre die Sache erledigt.

Bis ich diese Postkarte in meinem Briefkasten fand.
Ich muss den damals jungen Mann wohl nachhaltig verstört haben. Er schrieb etwas von „Scham", von „Lüge" und „jetzt wird der Schwindel aufgedeckt". Denn was ich zunächst als Fachwerkhaus abtat, entpuppte sich beim Wenden der Karte als weltgrößte funktionierende „Original Schwarzwälder Kuckucksuhr". Zumindest war das dort

aufgedruckt. Der Jüngling, für den ich einst Fluchthelfer gespielt hatte, wollte mich doch tatsächlich der Lüge bezichtigen. Er glaubte, im Schwarzwald die Wahrheit gefunden zu haben.

Er hatte recht. Die größte Kuckucksuhr der Welt steht nicht in Wiesbaden! Aber auch nicht in Schonach, wo sie laut seiner Karte stehen soll. Die größte Kuckucksuhr der Welt steht in Triberg. Sagt das Guinness-Buch der Rekorde. Doch Wahrheit lässt sich verbergen. Was würde Ronald Pofalla machen, fragte ich mich. Dann verbrannte ich die Karte. Niemand würde von dem Schwindel erfahren.

Mein Freund beendete seine Klageschrift übrigens mit den Worten: „Du Hundsfott, du Elendiger." Dem ist nichts hinzuzufügen.

sensor #16; September 2013

Falk Fatal spielt Karten

Das Zimmer ist rauchverhangen. Leere Bierflaschen säumen Tisch und Boden. Müde Gesichter starren sich an. Ich brauche keinen Blick auf die Uhr zu werfen, um zu wissen, dass es schon spät ist. Seit Stunden wogt die Schlacht hin und her. Die Verluste auf beiden Seiten sind beträchtlich, der Raumgewinn dagegen ist ziemlich gering – fast wie 1916 in Verdun. Dann geht es plötzlich ganz schnell. Meine Linien brechen zusammen. Ein Land nach dem anderen fällt in die Hände des grausamen Usurpators, der die blauen Armeen befehligt. Meine Rotarmisten sind auf dem Rückzug. Binnen weniger Minuten hat sich das Gleichgewicht des Schreckens in eine drückende Überlegenheit des Bösen gewandelt. Zuletzt fällt Irkutsk.

Die roten Armeen sind geschlagen, vom Spielfeld gefegt. Die blaue Armee hat die Weltherrschaft an sich gerissen. Ich sehe den triumphierenden, irren Blick meines Freundes und höre sein diabolisches Lachen. Die Welt darf sich auf ein grausames Regime einstellen – bis zur nächsten Partie *Risiko*[13].

Ich weiß nicht warum, aber dieses Spiel schafft es mühelos, die dunklen Seiten der Menschen hervorzukitzeln. Menschen, die sonst die Friedfertigkeit in Person sind, den Wehrdienst verweigert haben und auf jeder Anti-Kriegsdemo zu finden sind, verwandeln sich plötzlich in blutrünstige Monster und gewiefte Strategen, die mühelos Clausewitz nachspielen. So etwas erlebe ich sonst nur noch bei *Monopoly*[14], bei dem sich überzeugte Antikapitalisten plötzlich in windige Immobilienspekulanten verwandeln, die an einstigen Schmuddelecken wie der Turmstraße oder der Chausseestraße ein Haus nach dem anderen bauen und Hotels hochziehen, als gäbe es kein Morgen. Die sich dann über die steigenden Mieten freuen und jubeln, wenn ein armer Tor sein gesamtes Hab und Gut opfern muss, wenn er an einer dieser hochglanzsanierten Ecken strandet. Und die sich am Spielgeld laben, wie sonst nur Dagobert Duck.

---

13 Risiko ist ein Strategiespiel, das kriegerische Konflikte auf abstraktem Niveau zwischen Ländern simuliert. Es hat schon zahlreiche Freundschaften zerstört.

14 *Monopoly* ist vielleicht das bekannteste Brettspiel weltweit. Ziel des Spiels ist es, ein Immobilienimperium aufzubauen und alle anderen Mitspieler in die Pleite zu treiben. Das Spiel diente Klaus Lage als Inspiration für seinen gleichnamigen Hit aus dem Jahr 1985.

„Am Spiel erkennt man, was in einem steckt", soll einst der Pädagoge Karl Friedrich Wilhelm Wander gesagt haben, der im 19. Jahrhundert lebte. Wenn das stimmt, hoffe ich, dass meine Freunde, mit denen ich mich früher zum Spielen traf, ihre dunkle Seite niemals an anderer Stelle als am Spielbrett ausleben. Nicht auszudenken, was Wiesbaden sonst bevorstünde. Am Ende würde die Stadt noch Platz 1 im Immobilienstandort-Ranking des Wirtschaftsmagazins *Cash*[15] belegen, weil Anleger gute Renditen erwarten können und Mietern immer mehr Geld abverlangt wird. Schlimm wäre das, wirklich schlimm. Ich habe den Brettspielen deshalb abgeschworen. Ich möchte meine dunkle Seite nicht kennenlernen. Ich spiele nur noch Karten. Das Diktatoren-Quartett macht mir besonders viel Spaß.

sensor #17; Oktober 2013

---

15 2013 belegte Wiesbaden Platz 1 beim Immobilienstandort-Ranking des Wirtschaftsmagazins Cash.

Falk Fatal besucht die Jugend

Der Kicker war 'ne Wucht. Das Holz von Aufklebern übersät, die Griffstangen klemmten, und die Spieler waren mit Edding verschmiert. Ganz zu schweigen von dem einstmals grünen Spielfeld. Dieses war von schwarzer Aschekruste überzogen. Unzählige Bierpfützen und Kippenasche hatten ihre Spuren hinterlassen. Kein Ball rollte so, wie er normal gelaufen wäre. Manchmal nahm er eine unerwartete Wendung, manchmal verendete er mitten auf dem Feld. Dieser Tisch war nur etwas für Menschen, die sonst keinen anderen Kicker kannten. Das merkten besonders die Profispieler mit ihren extra griffigen Handschuhen, die versuchten, unserem angetrunkenen Haufen eine Lektion zu erteilen und dabei regelmäßig ihr Cordoba erlebten.

Genauso heruntergekommen war der Gewölbekeller, in dem der Kicker stand. Der Putz bröckelte von den Wänden. Das Licht war schummrig. Die Luft rauchverhangen. Das Flaschenbier wurde über ein Brett gereicht, das zwischen zwei Pfeilern montiert war. Und immerzu dröhnte Heavy Metal in einer Lautstärke aus den Boxen, die eine gepflegte Unterhaltung über den tendenziellen Fall der Profitrate oder die jüngste Schutzschwalbe Andy Möllers unmöglich machte. Das war aber nicht schlimm. Wir hatten anderes im Sinn als gepflegt zu parlieren. So war das vor 15, 16 Jahren im *Gnoom* in Rüdesheim. Dem einzigen Zufluchtsort für alle jugendlichen Schluckspechte, die auch nach 24 Uhr noch irgendwo trinken wollten in einer Umgebung, in der nicht *Dr. Alban*, *Whigfield* oder *2Unlimited* lief. Dafür nahm man auch Heavy Metal in Kauf.

Wer sich heutzutage darüber beschwert, dass in Wiesbaden die Bürgersteige so früh hochklappen, hat seine Jugend nicht im Rheingau[16] verbracht. Coole Kneipen? Bis auf das *Perron* – Fehlanzeige! Kneipen, die nach 1 Uhr offen haben? Nada! Meist blieb nur die Nachttanke oder halt das *Gnoom*[17].

---

16 Der Rheingau ist eine dörflich geprägte Region im Südwesten Hessens, die für ihren Rieslingwein bekannt ist. Der Rheingau erstreckt sich rechtsrheinisch zwischen Walluf und Lorchhausen und von dort bis zum Taunushauptkamm. Der Autor hat hier seine Kindheit und Jugend verbracht.

17 Seit 1975 ist das *Gnoom* der einzige Ort im Rheingau, in dem Jugendliche und Junggebliebene, die harte Musik lieben, die Nacht zum Tage machen können.

Und so zog uns dieses Kellerloch Woche für Woche an, wie ein Haufen Scheiße die Schmeißfliegen. Ob man alleine kam oder in einer Gruppe, war egal. Einen Zechkumpan fand man immer.

Vor ein paar Jahren war ich wieder einmal da. Meine Vorfreude war groß. Warum, weiß ich nicht mehr. Vielleicht hatte ich gehofft, die verschütteten Teile meiner Jugend wieder zu treffen. Vielleicht hatte ich auch nur geglaubt, eine kleine Zeitreise zurück genießen zu können. Meine Enttäuschung war groß, als ich schließlich wieder im *Gnoom* stand. Die Wände waren weiß gestrichen, die Tische sauber. Selbst der Kicker war neu und wie aus dem Ei gepellt. Immerhin: Die Herrentoilette hatte die Zeit überdauert. Und rechts oben, neben dem Spiegel, stand noch immer der Name meiner damaligen Band[18], den ich damals mit Kugelschreiber hingekritzelt hatte. Ein Fitzel meiner Jugend, der nicht überstrichen worden war. Ich muss mal wieder dort hin. Mal schauen, ob der Schriftzug noch immer da steht.

sensor #18; November 2013

---

18 Besagte Band hieß *The Becks Street Boiz*, existierte bis etwa 2005 und veröffentlichte in dieser Zeit eine CD, eine LP und eine Vinylsingle. Heutzutage findet man ihre Lieder bei Spotify und *YouTube*.

Falk Fatal genießt den Moment

Ich liebe das Chaos, wenn alles durcheinanderläuft und nichts einer gewohnten Ordnung folgt. Wenn sich auf dem Schreibtisch Zeitungen und daraus herausgerissene Seiten stapeln und mit losen Blättern sowie Briefen der Eswe[19] oder Naspa[20] um den höchsten Berg wetteifern. Dazwischen achtlos liegengelassene Bücher, zurzeit „Nacht in der Stadt", „Brief an Deutschland", „Minima Moralia" und „Abfall für alle" (wie passend). Vollgeschriebene Notizbücher ruhen auf alten Moleskinekalendern, Kugelschreiber und Heftklammern liegen in den Schluchten und mitten im Getümmel, zwischen Tastatur und Monitor auf einem Stapel Kontoauszügen wie auf einem Thron balancierend, steht der Aschenbecher. Irgendwo dazwischen verstecken sich leere Kaffeetassen. Und über allem haben sich wie Puderzucker auf einem Kuchen kleine Schmierzettel verteilt.

„To do" steht auf einem, gefolgt von einer Auflistung größerer und kleinerer Aufgaben: Keller aufräumen, Treppenhaus putzen, Kolumne schreiben. Ein Zitat Samuel Becketts findet sich auf einem anderen: „Das ist der Fehler, den ich gemacht habe … Eine Geschichte gewollt zu haben, wo das bloße Leben genügt."
Links vom Schreibtisch das Fenster zum Hof, zum Leben. Schotter trifft auf Beton. Dann eine Mauer, noch ein Hof. Zwischen erleuchteten Fenstern eine Schneise. Sie gibt den Blick frei auf die Straße. Der Himmel wolkenverhangen, grau. Dämmerung. Welke Blätter wirbeln im Wind. Dann prasseln Regentropfen auf den Asphalt. Erst vereinzelt, dann immer mehr. Zwei hochgeklappte Kragen huschen auf dem Bürgersteig entlang. Nach Hause, zum Kiosk oder in eine Bar? Ich weiß es nicht. Es interessiert mich nicht.

Auf der Straße steigert sich das Hupkonzert vor der Ampel zum Crescendo. Eine Sirene ist zu hören. Erst leise, dann immer lauter, näher kommend. Blaulicht blitzt auf, dann zieht eine Karawane von Rettungswagen vorbei. Das Hupkonzert verstummt.

---

19 Die Eswe ist das örtliche Stadtwerk. Die Buchstaben S und W für Stadtwerke Wiesbaden werden seit einer Werbeaktion zur Modernisierung des Unternehmens im Jahr 1970 in Lautschrift ausgeschrieben: Es und We.
20 Kurzform für Nassauische Sparkasse

Dann werden die Signalhörner leiser, bis sie irgendwann nicht mehr zu hören sind. Kurz Stille, dann beginnt das Konzert an der Ampel den zweiten Akt ...

Das Kratzen der Nadel schreckt mich aus meinen Gedanken. Sie ist über die Endlosrille gerutscht und schleift jetzt auf dem Label. Ich stehe auf, drehe die Platte und lege die Nadel wieder auf das Vinyl. Es knistert, dann beginnt die Musik. Beruhigt lasse ich mich wieder auf meinen Stuhl fallen.

Es wird Abend in der Stadt. Der Winter ist da und die Cafés holen die Tische rein.

Ich wende meinen Blick wieder auf mein Chaos. Beckett hat recht. Doch in diesem Moment bin ich froh, dass das Leben da draußen auch ohne mich auskommt. Ich will einfach nur diesen Augenblick genießen. In meinem Chaos verharren, der Musik lauschen und meinen Rioja trinken. Das reicht für den Moment.

Kommt gut ins neue Jahr.

sensor #19; Dezember 2013

Falk Fatal blickt in die Zukunft

2014! Alles auf null. *Format C* und dann *Reboot*. Das wird gut!
Neulich war ich bei einer Wahrsagerin, sie blickte in ihre Kristall-
kugel, und was sie mir verriet, verheißt Großes! 2014 wird rocken.
Das *Folklore-Festival*[21] wird wieder stattfinden. Noch größer, noch
schöner, noch toller! Der Ärger mit den Anwohnern wird der Vergangenheit angehören. Der *Schlachthof* wird eine gigantische Lärm-
schutzwand bauen, die sich vom Wasserturm bis ans Ende des
Murnauparks[22] erstreckt. Und diese Mauer wird hoch. Sehr hoch
sogar. Mindestens 20 Meter wird sie in die Lüfte ragen und dafür sorgen, dass sich das Rattern der ein- und ausfahrenden Züge nicht mit
dem Höllenlärm mischen wird, der sonst von Künstlern wie *Thees
Ulmann*, *Deichkind* oder *Tocotronic* über die Bahngleise zu den
Anwohnern an der Biebricher Allee hinüberweht.
Und nicht nur das. Es gibt wieder eine Mauer. Und die steht nicht
in Berlin, sondern in der hessischen Landeshauptstadt. Das wird die
Touristen in Heerscharen nach Wiesbaden locken. Einziger Wermuts-
tropfen: David Hasselhoff bekommt Stadtverbot. Denn wo der singt,
fallen bekanntlich die Mauern. Aber wer braucht schon den *Wind of
Change*?

Und noch etwas wird anders. Das Ordnungsamt fährt endlich eine
einheitliche Linie bei Verboten von Tanzveranstaltungen an Karfreitag, Totensonntag und Volkstrauertag. Nicht nur der *Schlachthof* darf dann keine Veranstaltungen durchführen, sondern auch
Abschlusspartys von Filmfestivals wie dem *Exground*, Karnevalssit-
zungen, Rockkonzerte oder Disconächte finden dann nicht statt.
Endlich wird über der Stadt die stille Andacht liegen, die diese Feiertage verdient haben. Die Franz-Gardisten[23], wie die emsigen

21 Das *Folklore Festival* war ein Open-Air-Festival in Wiesbaden, das es von 1977 bis 2015 gab.
Das erste „Folklore im Garten" fand 1977 in den Reisinger Anlagen statt, einer Parkanlage am
Hauptbahnhof. Von 1978 bis 2006 wurde das Festival im Schlosspark Freudenberg veranstaltet.
Von 2007 bis 2015 war das Kulturparkgelände am *Schlachthof* die Heimat von Folklore.

22 Nachdem die leerstehenden Lagerhallen auf dem ehemaligen *Schlachthof*gelände
abgerissen worden waren, wurde das Gelände begrünt und in eine Parkanlage verwandelt, die
zunächst als Murnaupark bezeichnet wurde und später den Namen Kulturpark bekam.

23 Dr. Oliver Franz (CDU) war damals „Dezernent für Kassen- und Steuerverwaltung, Ordnung,
Bürgerangelegenheiten, Grünflächen, Abfallwirtschaft" der Stadt Wiesbaden und damit
zuständig für das Ordnungsamt.

Außendienstmitarbeiterinnen und -mitarbeiter des Ordnungsamts künftig heißen, werden schon dafür sorgen.

Auch das Parkplatzsuchen im *Westend*[24] wird endlich der Vergangenheit angehören. Dafür sorgt das 30-stöckige Parkhochhaus, das auf dem Elsässer Platz[25] errichtet und allen Bewohnern des *Westend*s kostenfrei zur Verfügung stehen wird. Nie mehr zweite Reihe parken, nie mehr früh morgens aus den Federn und die Karre umparken. Stattdessen: rein ins Parkhaus, Auto abstellen und die gesparte Zeit der Parkplatzsuche dafür nutzen, um in einer der zahlreichen Kneipen des *Westend*s noch einen Absacker zu trinken.

Doch auch abseits der Wiesbadener Stadtmauern gibt es Grund zur Freude! Der wegen seiner homoerotischen Aufnahmen bekannt gewordene russische Präsident Wladimir Putin hat rechtzeitig vor den Olympischen Winterspielen in Sotschi sein Coming-out und erklärt alle homophoben Gesetze in Russland für nichtig. Statt Nationalflaggen werden bei den olympischen Siegerehrungen Regenbogenflaggen gehisst.

2014 wird super. Ich freue mich drauf!

sensor #20; Februar 2014

---

24 Das *Westend* ein innerstädtischer Stadtteil Wiesbadens. Mit einer Fläche von 0,67 Quadratkilometern ist es der kleinste Wiesbadener Ortsbezirk. Mit rund 18.000 Einwohnern liegt die Bevölkerungsdichte bei mehr als 27.000 Einwohnern pro Quadratkilometer. Damit zählt das *Westend* zu den am dichtesten besiedelten Stadtteilen Deutschlands. Der Einwohneranteil mit Migrationshintergrund liegt bei rund 47 Prozent.

25 Der Elsässer Platz ist die größte Freifläche innerhalb des Wiesbadener *Westend*s. Aktuell wird er als Parkplatz und Kirmesplatz genutzt. Eine Umgestaltung des Platzes ist seit Jahren in der stadtpolitischen Diskussion, bislang sind die diskutierten Ideen aber nie konkreter geworden.

Falk Fatal lebt in der Fünf-Sterne-Stadt

Neulich war ich über das Wochenende in Berlin. Freitags hatte ich eine Lesung, samstags spielte meine Band ein Konzert. Wie bei solchen Veranstaltungen üblich, kam ich auch dieses Mal mit den Einheimischen ins Gespräch.

Eine der ersten Fragen bei diesen Small-Talks lautet immer: „Und, wo kommst du her?"

Da ich ein ehrlicher Mensch bin, antworte ich wahrheitsgemäß: „Aus Wiesbaden."

Die Reaktionen darauf fallen immer sehr unterschiedlich aus, lassen sich aber grob in drei Kategorien unterteilen:

Menschen, die gute Musik zu schätzen wissen und sich selbige auch gerne einmal live anhören, antworten manchmal: „Da gibt es doch den *Schlachthof*? Da war ich mal auf einem Konzert." Diese Reaktionen sind mir die liebsten. Man ist sofort im Gespräch und kann fachsimpeln.

Viel häufiger ist allerdings eine andere Reaktion. Diese besteht meist aus der Frage: „Und wo ist das?" Ich antworte dann immer: „Bei Frankfurt." Frankfurt kennen die Menschen. Da ist der Flughafen. Da sind die Bankentürme. Da gab es *Blockupy*[26] und den gewalttätigen Einsatz der Polizei auf der Demonstration im vergangenen Jahr. Auch mit diesen Reaktionen kann ich gut leben.

Die nervigste Reaktion beginnt meist mit einem mitleidigen Blick, geht über in die unausgesprochene Frage: „Warum lebt man da?" und findet ihren vorläufigen Höhepunkt in der Bemerkung: „Soll ja ganz schön spießig sein. Ist wahrscheinlich auch nicht viel los dort." Auch solche Reaktionen – mit leicht herablassender Hauptstadtnoblesse vorgetragen – bin ich gewohnt. Früher erwiderte ich darauf manchmal ein Zitat von Kurt Tucholsky: „Der Horizont des Berliners ist längst nicht so groß wie seine Stadt."

Aber ich suche keinen Streit. Kevin, so der Name des Hauptstadtflaneurs, der nicht verstehen kann, warum ich nicht nach Berlin ziehe, hat ja recht. Berlin hat rund 155.000.000 Einträge bei *Google*,

---

26 *Blockupy* war ein antikapitalistisches Bündnis, das 2012 und 2013 zu Protesten gegen die Europäische Zentralbank in Frankfurt aufrief, die teilweise gewalttätig eskalierten. Zum Höhepunkt der *Blockupy*-Proteste kam es 2015, als Proteste gegen die Eröffnung des Neubaus der Europäischen Zentralbank zu Straßenschlachten mit der Polizei führten.

Wiesbaden nur 14.900.000. Auch der Schriftsteller Gustav Freytag bemerkte bei seinem ersten Besuch in Wiesbaden treffend: „Vor einer Stunde bin ich hier angekommen, und habe auf der stattlichen Promenade viele alte Herren mit grauen Bärten und Krückstöcken gesehen." Und Bertolt Brecht ergänzte 1921: „Es ist auch hier langweilig." Kevin, du hast recht. Wiesbaden ist nicht Berlin. Und das ist auch gut so, möchte ich anfügen. Nur, wo kommst du eigentlich her? „Aus Mücka in der Oberlausitz", antwortet der Großstadt-Bohème mit leicht sächselndem Akzent. Das erklärt einiges.

„Da hätte ich auch das Weite gesucht", sage ich und muss an diese alte Redensart denken: „Warum in die Ferne schweifen, wenn das Gute liegt so nah?" Genau.

Und sagte nicht der ehemalige Bundestrainer der Fußball-Nationalmannschaft Helmut Schön einst: „Wiesbaden, das ist meine Fünf-Sterne-Stadt: Wasser, Wiesen, Wälder, Wein und Wohlbehagen." Eben!

sensor #21; März 2014

Falk Fatal widerlegt *Modern Talking*

Scheitern als Chance. Jedes Ende kann ein Anfang sein. Trümmer sind Steine der Hoffnung. Es ist keine Schande, hinzufallen, aber es ist eine Schande, einfach liegenzubleiben. Wer kämpft, kann verlieren. Wer nicht kämpft, hat schon verloren.
Ich kann sie nicht mehr hören, diese Motivations-Glückskekssprüche, die einem täglich um die Ohren fliegen. Das hat die lyrische Qualität von *Modern Talking*. Echt jetzt! *You can win if you want, if you want you will win.*
Höre das jeden Tag mindestens 50-mal im Dauerrepeat, flüstere dabei mantraartig: „Ich bin ein Gewinner!" und der Erfolg ist Dir gewiss.
Ich durfte vor ein paar Jahren an einem Motivationsseminar für Führungskräfte der Versicherungswirtschaft teilhaben. Auf dem Podium stand ein Shaolin-Mönch, der mit seinem Kopf Betonplatten zertrümmerte. „Weil er den Willen dazu hat", wie der Motivationsguru, der danebenstand, immerwährend in den Saal posaunte. Wer gewinnen will, wird auch gewinnen. Eine Message, die bei den sauber gescheitelten Schlipsträgern natürlich gut ankam. *You can win if you want, if you want you will win.*
Nachdem der Mönch mehrere Paletten Beton mit seinem Eisenschädel zertrümmert hatte, fühlte sich ein besonders engagierter Jungmanager berufen, es ihm gleich zu tun. Er hatte wahrscheinlich nicht diese tiefe Ruhe, die der Shaolin-Mönch ausstrahlte. Vielleicht lag es auch daran, dass der Mönch nicht so sehr nach irdischen Reichtümern strebte, wie der Jungmanager in seinem 500-Euro-Anzug. Wie auch immer: Die Kopfschmerzen dürften ihm dennoch lange in Erinnerung geblieben sein.
Ich kann diese Motivationsscheiße nicht ausstehen. Da stehen häufig verkrachte Existenzen in einem mal mehr, mal weniger gut gefüllten Hotelsaal und versuchen dir zu erzählen, wie du erfolgreich wirst. Anschließend versuchen sie dir, ihre im Selbstverlag veröffentlichten Bücher zu verkaufen. Das ist sicher auch eine Form von Erfolg.
Aber wo *ein Wille* ist, ist auch ein Weg. Der ist natürlich wichtig. Niemand wird erfolgreich, wenn er nicht erfolgreich werden will. Nehmen wir Olli Kahn, den personifizierten Willen. Bei dem wären die Betonplatten wahrscheinlich zu Staub zerfallen, wenn er sie nur

angestarrt hätte. Aber auch er vergisst oft in seinen Reden, dass er vor allem eines hatte: Talent. Ohne dieses wäre er nie einer der besten Torhüter der Welt geworden.

Auf jeden Mark Zuckerberg oder Steve Jobs kommen Millionen von Losern, die es mit ihrer Idee nicht schaffen – obwohl sie den Willen dazu hatten. Ihnen hat das Glück gefehlt, oder ihre Idee war einfach nicht gut.

Also hört doch bitte auf, den Menschen zu erzählen, wer nur will, wird auch was werden. Denn zum Willen gehört auch Arbeit, Entsagung, Fleiß, Ausdauer, Talent. Und Glück. Ohne das wird es nicht gehen. Auch wenn *Modern Talking* etwas anderes behaupten.

sensor #22; April 2014

Falk Fatal wünscht sich,
sein Fahrrad wäre ein Panzer

Wiesbaden, you're my heart, you're my soul. Aber Du bist auch ein Gernegroß, der nicht gerne im Schatten anderer steht. Du willst mit den Großen pinkeln und stehst vor dem Kinderpissoir. Du willst Süden sein und bist doch nur das Nizza des Nordens. Du bist Landeshauptstadt, doch außerhalb Wiesbadens interessiert das keine Sau. Da zählt nur Frankfurt. Da stehen die Banken. Da ist der Flughafen. Da spielt die Musik. Egal, was rührige Stadtväter und städtische Marketingvertreter behaupten. Du bist Landeshauptstadt. Deshalb brauchst Du einen ICE-Bahnhof. Deshalb wurde Gleis 5 verlängert, damit auch ICE in Wiesbaden Halt machen können. Das machen die jetzt. Vier Mal am Tag. Selbst in Montabaur halten die ICE öfter.

Du blickst neidvoll nach Frankfurt und Mainz. Das sind Uni-Städte. Du hattest nur eine Fachhochschule. Die heißt jetzt *Hochschule Rhein-Main*. Die *European Business School* und die Kinder reicher Eltern hast Du mit Millionen geködert, damit die ihre zweite Fakultät in Wiesbaden eröffnen und Du endlich Universitätsstadt auf dein Ortsschild schreiben darfst.

Deinen Profifußballverein hast Du eingekauft, trotzdem spielt der nur 3. Liga, während in Mainz und Frankfurt die Bundesliga gastiert. Dein Reitturnier ist auch keine erste Liga mehr. Die Champions galoppieren woanders. Da hilft auch das Geld aus Katar nichts, das die Pferde höher springen lassen soll. Es ist gar nicht so einfach, irgendwo Spitze zu sein.

Aber es gibt ja noch die Fahrradfahrer. Denen schmierst Du ein paar weiße Linien auf den Asphalt und verkaufst das als Radweg. Deinen Autofahrern hast Du das aber noch nicht gesagt. Die interpretieren diese Linien als legale Möglichkeit für Parken in zweiter Reihe. Und empfinden es als Frechheit, gerade auf der Taunusstraße, wenn du sie höflich bittest, ihr 80.000-Euro-Gefährt woanders zu parken, weil sie damit die Fahrbahn blockieren. Sie empfinden es aber auch als Frechheit, wenn du mit deinem Drahtesel auf der normalen Straße um dein Leben strampelst und versuchst, nicht über den Haufen gefahren zu werden.

Manchmal wünschte ich, mein Bike wäre ein Panzer. Dann würde ich ganz anders reagieren. Und auf dem Bürgersteig darfst du schon gar nicht fahren. Wenn dich da eine wildgewordene Knöllchenverteilerin erwischt, wirst du vom Rad gezerrt. Fahrradfahren auf dem Bürgersteig ist verboten! Schreib dir das hinter die Löffel, Punk. Und jetzt geh auf die Straße und stirb!

Wiesbaden, Du bist wirklich nicht freundlich zu Deinen Fahrradfahrern. Da gibst Du Dir richtig Mühe. Doch weißt Du was? Auch hier bist Du nicht spitze, sondern liegst nur hinter Wuppertal. Das ist die fahrradunfreundlichste Stadt Deutschlands. Du wirst in diesem Ranking nur auf Platz 2 geführt. Schon wieder im Schatten. Irgendwie tragisch.

sensor #23; Mai 2014

Falk Fatal freut sich auf die WM

Als Andreas Brehme am 8. Juli 1990 zum Elfmeter antrat und diesen eiskalt im Tor des argentinischen Elfmeterkillers Sergio Goycochea versenkte, saß ich auf einem Bauernhof in der bayrischen Einöde. Während im restlichen Deutschland wenige Minuten später die Menschen auf die Straßen strömten, sich um den Hals fielen und die Autokorsos laut hupend umherfuhren, sagten sich in Weiler im Allgäu Fuchs und Hase gute Nacht. Damals war ich enttäuscht, dass ich bei der großen Party nicht dabei sein konnte. Heute wäre ich das nicht. Sollte Philipp Lahm am 13. Juli wirklich den WM-Pokal überreicht bekommen, werde ich mich wohl in mein Zimmer verziehen und Hammerhead[27] hören. Solange es Autokorsos gibt, ist das Benzin noch nicht teuer genug. Überhaupt ist mir dieser patriotische Überschwang suspekt, der regelmäßig bei Welt- und Europameisterschaften durch dieses Land schwappt. Kein Grund, so auszuflippen.

Ich freue mich trotzdem auf die Weltmeisterschaft. Ich freue mich darauf, den Fernseher einzuschalten, und es läuft Fußball. Ich freue mich auf die sogenannten Exoten, die den Großen hoffentlich das eine oder andere Bein stellen werden. Ich freue mich auf echte Typen, wie es sie mit René Higuita[28] oder Roger Milla[29] früher gab. In der stromlinienförmigen Bundesliga bekommt man solche Spieler kaum noch zu Gesicht. Ich freue mich auf die Liveübertragungen in meiner Stammkneipe und die dummen Kommentare, die fallen werden. Ich freue mich auf das Bangen und Hoffen, ob doch noch ein Tor fällt. Auf das Zittern im Elfmeterschießen. Auf das Fluchen nach

---

27 Hammerhead sind eine legendäre deutsche Hardcoreband. Ihr bekanntestes Lied heißt „Ich sauf allein".

28 René Higuita, auch bekannt als El Loco, war von 1987 bis 1999 Torwart der kolumbianischen Nationalmannschaft. Higuita war bekannt für seine Dribblings außerhalb des Strafraums. Ihm gelang 1995 bei einem Freundschaftsspiel gegen England eine der spektakulärsten Torhüter-Paraden der Fußballgeschichte: Statt einen Fernschuss mit den Händen aufzufangen, ließ er sich nach vorne fallen und parierte den Ball auf der Torlinie kopfüber mit beiden Hacken. Diese Parade ist als der „Skorpion-Kick" bekannt geworden.

29 Roger Milla war Nationalspieler Kameruns. Vor der Weltmeisterschaft 1990 wurde der damals 38-Jährige, der 1989 seine Karriere eigentlich schon beendet hatte, gebeten, sein Land bei der WM in Italien zu vertreten. Seine vier Tore gegen Rumänien und Kolumbien ermöglichten Kamerun die sensationelle Teilnahme am Viertelfinale. Jeden seiner Treffer feierte Milla mit einem Makossa-Tanz an der Eckfahne.

einer Fehlentscheidung des Schiedsrichters. Auf das „Goin' through emotion". Selbst auf die Spielanalysen von Olli Kahn, in denen es nur um den Druck gehen wird, freue ich mich irgendwie. Am meisten freue mich aber auf hoffentlich großartigen Sport, bei dem die Besten gewinnen sollen – selbst wenn es die Niederländer sein sollten. Aber etwas trübt meine Freude. Die Weltmeisterschaft findet in einem Land statt, das zwar zu den aufstrebendsten Wirtschaftsnationen der Welt gehört, in dem aber ein Großteil der Bevölkerung trotzdem in großer Armut lebt. Nicht auszudenken, was man mit den 10,5 Milliarden Euro, die die Weltmeisterschaft kosten soll, hätte anfangen können.

Aber gut, Fußball ist ein Geschäft. Big Business. Solange der Rubel rollt, geht man auch in Länder, die mit Fußball überhaupt nichts zu tun haben, wie zum Beispiel Katar. Da ist es dann auch egal, dass die Fußballstadien mit dem Blut von Gastarbeitern gebaut und dass diese wie Sklaven gehalten werden. Wer am meisten zahlt, bekommt die Weltmeisterschaft. Selbst, wenn sie dann in der Wüste stattfindet. Ich weiß, Geld regiert die Welt. Und im Fußball besonders. Aber ein schaler Beigeschmack bleibt. In wenigen Tagen geht es los. Ich freue mich drauf.

sensor #24; Juni 2014

Falk Fatal killt die Musik

Deutsche Kanzler, Olympiasieger, Oscar- und Bambi-Preisträger – sie alle haben die Rhein-Main-Hallen[30] schon betreten. Die meisten von ihnen häufiger als ich. Ich war in meinem Leben genau zweimal in den Rhein-Main-Hallen. Und keiner der beiden Besuche hatte etwas mit *Scooter*[31] zu tun. Bei dem legendären Auftritt des Dancefloor-Philosophen (How much is the fish?) hatte ich leider etwas anderes vor.

Mein erster Besuch in den Rhein-Main-Hallen muss Ende der 1980er Jahre gewesen sein. Da besuchte ich mit meinen Eltern die *Hafa* – die Hauswirtschaftsfachausstellung. Da gab es alles, von dem man damals dachte, dass es Hausfrauen glücklich macht. Es gab sicher schon spannendere Familienausflüge, aber dennoch war dies ein einprägsamer. Denn glücklicherweise dachte ein Aussteller, dass auch Leerkassetten zur Hauswirtschaft zählen, und verschenkte selbige als Gratisprobe. Das freute mich sehr. Ich griff so viele ab wie möglich und begann mit meinem Hometaping, die Musik zu killen. Zunächst überspielte ich nur meine *Ärzte*- und *Roxette*- (ja, wirklich. Ich war jung und mein Musikgeschmack war noch etwas flatterhaft) Schallplatten auf Tape, damit ich sie auch auf meinem Walkman hören konnte.
Danach begann ich, Sampler mit meiner Lieblingsmusik zu erstellen. Zu der gehörten auch *David Hasselhoff, Runrig, Anthrax, Guns'n'Roses, die Toten Hosen* und *Elvis Presley*. Zumindest *die Ärzte* und *Elvis* höre ich heute noch. Diesen Samplern gab ich dann so sinnige Namen wie „Best of 1–13".
Da ich im Alter von zehn, elf Jahren noch nicht so viele Schallplatten und Tapes besaß, das Internet erst noch erfunden werden musste und die Moderatoren im Radio schon damals gerne in die Musik quatschten, war es mit der Samplerproduktion allerdings schnell vorbei. Ich verlegte mich stattdessen auf Hörspielproduktionen. Die bestanden darin, dass ich meinen kleinen Kassettenrekorder immer dann im Aufnahmemodus an den Fernseher hielt, wenn dort eine

---

30 Die Rhein-Main-Hallen waren ein Messe- und Kongresszentrum in der Wiesbadener Innenstadt, die 2014 abgerissen und von einem Neubau ersetzt wurden. Das RheinMain CongressCenter Wiesbaden nahm 2018 seinen Betrieb auf.
31 Hyper Hyper

neue Folge des A-Teams lief. So konnte ich die Abenteuer von Hannibal, Face, Murdoch und B.A. anschließend auch unterwegs hören. Man kann also sagen, dass die *Hafa* mein Start in die Tonträgerproduktion³² war.

Mein zweiter Besuch in den Rhein-Main-Hallen war dann weniger prägend. Da war ich vor ein paar Jahren auf einer Messe für Versicherungsvertreter, über die ich berichten sollte. In Erinnerung geblieben ist mir davon nur das riesige Buffet, auf dem schon morgens zahlreiche Alkoholika auf Eis gebettet lagen und zum kostenlosen Verzehr feilgeboten wurden.

Jetzt werden die Rhein-Main-Hallen abgerissen und durch einen Neubau ersetzt, der hoffentlich nicht zur Wiesbadener Elbphilharmonie wird. Sei's drum. Ich erfreue mich derweil an meinen Best-of-Samplern und genieße den Sommer. Ich hoffe, ihr tut das auch.

sensor #23; Juli/August 2014

---

32 Einige Jahre später gründete der Autor das Musiklabel Matula Records, das zunächst Tapes seiner eigenen Band und Kassettensampler, später dann zahlreiche Schallplatten und CDs von Punk- und Hardcorebands aus der ganzen Welt veröffentlichte. Von 1997 bis zum Jahr 2013 wurden insgesamt 67 Tonträger auf Matula Records veröffentlicht.

Falk Fatal begrüßt die syrischen Flüchtlinge

Eigentlich wollte ich diese Kolumne der „Musikstadt Wiesbaden" widmen. Doch dann las ich auf der *Facebook*seite des Wiesbadener Kuriers die Kommentare zu der Nachricht, dass Wiesbaden in Biebrich in Wohncontainern 260 syrische Bürgerkriegsflüchtlinge aufnehmen wird. Daraufhin änderte ich meinen Plan.

Neben vielen positiven Kommentaren gab es auch etliche, die sich wie ein Best-of des Stammtisch-Rassismus lesen. Natürlich durfte die Frage nicht fehlen: „Warum kommen die immer zu uns? Wir haben genug." Andere Länder sollten auch endlich Flüchtlinge aufnehmen." Auch auf die Steuergelder, die hier verschwendet würden, wurde hingewiesen. Dass die Flüchtlinge sich hier auf Kosten der Steuerzahler einen faulen Lenz machen werden, steht für einige Kommentatoren ebenso fest. Und dass man nun Angst haben müsse, nachts alleine durch Biebrich zu gehen.

Dieser Zynismus macht mich fertig. Ich will mir gar nicht vorstellen, was diese Menschen alles erleiden mussten. Und diesen Dummbratzen fällt nichts Besseres ein, als ihren menschenverachtenden Schwachsinn zu posten. Deshalb der Versuch, dem Schwachsinn ein paar Fakten gegenüberzustellen.

Laut UNO-Flüchtlingshilfe waren bis Ende 2013 rund 51 Millionen Menschen auf der Flucht, so viele wie seit dem 2. Weltkrieg nicht mehr. Allein aus Syrien flohen bis dahin rund 2,4 Millionen Menschen. Die Top-5 der Aufnahmeländer von Flüchtlingen waren bis Ende 2013 Pakistan, Iran, Libanon, Jordanien und die Türkei, die jeweils zwischen 600.000 und 1,6 Millionen Flüchtlinge aufgenommen haben. Selbst zusammengerechnet haben diese Länder ein Bruttoinlandsprodukt, das nicht einmal halb so groß ist wie das Deutschlands. Laut Aussage des Bundesamts für Migration hat Deutschland bis jetzt rund 5.000 syrische Flüchtlinge aufgenommen. Insgesamt könnten es bis zu 20.000 werden. Angesichts dieser Zahlen kann man wirklich nicht behaupten, Deutschland würde jeden Flüchtling aufnehmen, der hierher will.

Ob damit Steuergelder verschwendet werden, liegt im Auge des Betrachters. Aber es gibt genügend Fälle in Deutschland, in denen Steuergelder leichtfertiger ausgegeben werden als bei der humanitären Hilfe.

Man sollte auch nicht vergessen, das Deutschland der drittgrößte Waffenexporteur der Welt ist. Die Annahme, dass auch mit deutschen Waffen in den Bürgerkriegen dieser Welt gekämpft wird und die Menschen auch vor diesen Waffen fliehen, liegt da nicht fern. Ich könnte noch einige Fakten mehr erwähnen, doch dafür fehlt der Platz. Deshalb mache ich es kurz: Ihr Stammtisch-Rassisten liegt falsch. Refugees welcome!

Kürzlich wurde im Presseclub Wiesbaden über die Frage debattiert, wie cool Wiesbaden ist. Wenn man diese menschenverachtenden Kommentare gelesen hat, kann die Antwort nur lauten: noch nicht cool genug.

sensor #26; September 2014

Falk Fatal mag die Gentrifikation nicht

Vor ein paar Wochen ist das *Café Klatsch*[33] 30 Jahre alt geworden. Dazu ist im letzten *sensor* ein Artikel erschienen, der die Überschrift „Lebendige Utopie" trug und eigentlich besser zu dem Schwerpunkt dieser Ausgabe gepasst hätte. Denn Utopien brauchen Räume, in denen über sie diskutiert werden kann, in denen sie ausprobiert werden können. Solch einen Laden gibt es auch in der Werderstraße.

Die Rede ist vom *Infoladen Linker Projekte*, der seit 1988 existiert und neben einem Tagungsraum, einer Küche und zwei kleineren Büroräumen auch aus einer Werkstatt besteht. Der Trägerkreis übernahm damals die heruntergekommenen Räume, die zuvor von den städtischen Gerichtsvollziehern genutzt worden waren, und renovierte diese. Verschiedene linke Gruppen – wie unter anderem die *Rote Hilfe Wiesbaden*, die *Küfa* (Küche für alle), Radio Quer sowie die Schachfreunde Stiller Zug, die aus Mitgliedern des *Infoladens* bestehen und in der Bezirksoberliga spielen – treffen sich dort.

Nun ist der *Infoladen* in seiner Existenz bedroht. Das Haus, in dem er beheimatet ist, hat einen neuen Besitzer. Und dieser hat den Mietvertrag zum Jahresende gekündigt. Alle Versuche, ihn doch noch umzustimmen, sind laut *Infoladen* fehlgeschlagen. Ende des Jahres muss er raus, neue Räume müssen dringend her. Ein etwa 50 Quadratmeter großer Tagungsraum sowie abgetrennte Räume für Gruppentreffen und Büroarbeit sollten es mindestens sein. Wer etwas weiß oder etwas spenden will, findet auf der Website www.Infoladen-wiesbaden.de alle nötigen Informationen.

Es wäre wirklich ein Verlust für das *Westend* und für Wiesbaden, wenn diese Einrichtung keine neuen Räume mehr finden würde. Denn neben den politischen Arbeitsgruppen und den regelmäßigen Infoveranstaltungen bietet der *Infoladen* auch immer ein kleines, aber feines Kulturangebot, wie etwa das *Café Che*, die *Küfa*, die mittwochs veganes Essen gegen Spende anbietet, oder die Veranstaltungsreihe „Akustik im Hof", die nichtkommerzielle Akustikkonzerte,

---

33 Das *Café Klatsch* ist eine linksalternative, kollektiv-betriebene Kneipe im Wiesbadener Rheingauviertel. Das *Café Klatsch* wurde 1984 eröffnet und existiert bis heute. Alle Entscheidungen, die den Geschäftsbetrieb betreffen werden, von der Belegschaft im Konsens entschieden. Der Autor war sieben Jahre lang Teil des Kollektivs und ist dem *Café Klatsch* freundschaftlich verbunden.

Lesungen und Open Stages organisiert. Hier zeigt sich aber auch, dass die Gentrifikation keinen Halt vor Wiesbaden macht. Denn nach einer Grundsanierung sollen daraus nach Auskunft der Noch-Mieter Gewerberäume werden. Die Flächen lassen sich dann natürlich zu einem deutlich höheren Preis vermieten. Ähnliches soll auch mit den Wohnungen passieren. Diese sollen auf ein höherpreisiges Niveau modernisiert werden, immer dann, wenn ein alter Mieter auszieht. Wer sich die höheren Mieten nicht leisten kann, muss in ein weniger zentrales Viertel ziehen. Menschen mit mehr Geld ziehen ein, und mit ihnen ändern sich auch die Ansprüche an die Wohnumgebung.

Die Gentrifikation nimmt ihren Lauf. Zumindest in diesem Punkt unterscheidet sich Wiesbaden dann nicht mehr von Berlin oder Hamburg.

sensor #27; Oktober 2014

Falk Fatal wartet auf den Untergang

Im Nahen Osten lodert ein Flächenbrand aus Chaos, Gewalt, Terror, religiösem Fanatismus, Tod und Gier. In den Regionen, in denen Islamisten die Oberhand haben, stillen diese ihren Blutdurst an den Ungläubigen, während auf der anderen Seite der Weltkugel fanatische Christen irgendetwas von intelligentem Design faseln und einen Gott anbeten, der die Erde flutet und Feuer und Schwefel auf Städte regnen lässt. In manchen US-Bundesstaaten haben sie es sogar geschafft, dass der Irrglaube vom „Intelligent Design" in den Lehrplänen der Schulen gelandet ist.

Und während die Konflikte des Nahen Ostens langsam, aber sicher auch stellvertretend in den westlichen Innenstädten geführt werden, bietet Scientology in der Wiesbadener Fußgängerzone Stresstests an.

In Afrika bricht derweil eine todbringende Epidemie aus. Zunächst interessiert das hierzulande nur am Rande. Afrika ist weit. Doch die Epidemie breitet sich immer weiter aus, überquert Ländergrenzen und fordert mehr und mehr Todesopfer. Langsam erkennt man im Westen, dass etwas dagegen getan werden muss. In einer globalisierten Welt bleiben Viren und Bakterien nicht lange an einem Ort, sondern verbreiten sich rasend schnell. Schon bald fordert die Seuche die ersten Todesopfer in den USA und in Europa. Noch beruhigen die Behörden. Alles ist sicher, niemand muss sich vor Ebola fürchten. Vielleicht ist dem so. Doch was, wenn nicht?

Dann könnte man sich mit einer neuen Droge aus den USA zuballern. „Cloud Nine" heißt sie und soll ähnlich wirken wie LSD. Der Nebeneffekt: Wer die Droge nimmt, fällt Menschen an und frisst ihr Fleisch. Man nennt sie deshalb auch die „Zombie-Droge". *The Walking Dead*[34] lassen grüßen.

Ganz zu schweigen von dem fortwährenden Raubbau an der Natur und der Verschwendung der Ressourcen, mit der wir uns langsam, aber sicher unsere Lebensgrundlagen zerstören. Die zunehmende Zahl an Naturkatastrophen und der Klimawandel zeigen, wohin die Reise geht.

---

34 *The Walking Dead* ist eine Comicserie, die seit 2010 als Serie für das Fernsehen adaptiert wurde und nach der 11. Staffel 2022 enden soll. *The Walking Dead* erzählt die Geschichte einer kleinen Gruppe Überlebender nach einer weltweiten Zombie-Apokalypse.

Man könnte diese Beobachtungen prima als Ausgangspunkt für einen Endzeitfilm nehmen: Roland Emmerich trifft auf George A. Romero. Das Resultat wäre ein erstklassiger Apokalypse-Blockbuster. Aber das hier sind nicht die Fantasien eines Drehbuchautors, das ist die Welt im Herbst 2014: verrückt, krank, kaputt.

Vor 25 Jahren fiel die Mauer in Berlin, und mit ihr ging der Warschauer Pakt unter. Mit meinem kindlichen Gemüt glaubte ich damals wirklich, dass sich die Utopie einer Welt, in der sich die Menschen respektieren und friedliches miteinander leben, schon bald verwirklichen könnte. Dieser Optimismus hielt nicht lange. Ich glaube auch nicht, dass er je wiederkehren wird. Die Zeichen stehen auf Untergang. Machen wir das Beste daraus!

sensor #28; November 2014

Falk Fatal hält inne

Die Stadt ist im Wandel. Permanent. Wer schon ein paar Jahre in Wiesbaden lebt, weiß das. Der *Schlachthof*, der zurzeit sein 20-jähriges Bestehen feiert, ist das beste Beispiel. Als ich Mitte der 1990er Jahre das erste Mal den *Schlachthof* besuchte, war das Gebäude eines von vielen ehemaligen Lagerhallen. Das komplette Gelände war eine Wüste aus Beton. Der Gedanke, dass dort einmal eine der größten innerstädtischen Grünflächen zum Abhängen für die Jugend entstehen wird, war damals so fern wie der *FC St. Pauli* von der deutschen Meisterschaft.

Im Frühjahr wird der *Schlachthof* sein altes Gebäude endgültig verlassen. Die Musik spielt dann ein paar Meter weiter in der neuen Halle und im Kesselhaus am Wasserturm. Dann erinnert nur noch eine Fassade der alten Halle daran, wie es dort einmal ungefähr ausgesehen hat. Auch wenn die Kritik am Neubau anfangs groß war, wird niemand ernsthaft bestreiten wollen, dass der Kulturpark mit dem neuen *Schlachthof* ein Zugewinn für Wiesbaden ist.

Ein ähnliches Schicksal widerfährt zurzeit dem *Platz der Deutschen Einheit*. Jahrelang wurde darüber debattiert, wie der Platz einmal aussehen soll. Kürzlich wurde dort die neue Sporthalle eröffnet. Kaum vorstellbar, dass das einzig belebende Objekt vor einigen Jahren eine Imbissbude war. Ob mit der Errichtung der Sporthalle dem Stadtbild ein guter Dienst erwiesen wurde, wird sich erst zeigen, wenn der Nachfolgebau für das alte Arbeitsamt steht. Ungewohnt wirkt der graue Klotz aber immer noch, obwohl er jetzt schon eine Weile dort steht.

Ein anderes Bauwerk, das für viele Wiesbadener schon immer existierte, wird gerade abgerissen: die Rhein-Main-Hallen. Auch hier gab es viele Jahre Diskussionen über den Standort der neuen Hallen und wie sie aussehen sollen. Aber es hat sich gelohnt. Mit dem Entwurf, der jetzt gebaut wird, ist ein guter Kompromiss gefunden worden.

Veränderung ist wichtig. Ohne sie kein Fortschritt, sondern nur Stillstand. Trotzdem ist es manchmal gut, innezuhalten und sich zu fragen, muss diese Veränderung wirklich sein. Das beste Beispiel liefert

Wiesbaden selbst. In den 1960ern veröffentlichte Ernst May[35] sein Buch „Das neue Wiesbaden". In diesem beschrieb der bekannte Architekt den Bau der Siedlungen Klarenthal und Schelmengraben[36] und präsentierte seine Pläne für den Umbau der Stadt. Ein zentraler Punkt darin war der Abriss vieler alter Stadtvillen in der Innenstadt. An ihrer Stelle sollten damals für modern gehaltene Bauten entstehen. Hätte May seine Pläne verwirklichen können, wäre Wiesbaden heute eine andere Stadt. Zum Glück gab es damals Widerspruch, der Abriss des Altbaubestands konnte verhindert werden.

Es lohnt sich also, manchmal innezuhalten und zu hinterfragen, was für Folgen Entscheidungen haben können – nicht nur bei der Stadtplanung.

Kommt gut ins neue Jahr.

sensor #29; Dezember 2014

---

35 Ernst May war ein deutscher Architekt und Stadtplaner, der von 1886 bis 1970 lebte.

36 Klarenthal ist ein Stadtteil von Wiesbaden und wurde als Trabantenstadt Anfang der 1960er Jahre auf der grünen Wiese errichtet. Klarenthal besteht überwiegend aus großen Mehrfamilienhäusern und Wohnhochhäusern sowie Reihenhäusern. Rund 10.500 Menschen leben in Klarenthal. Mehr als die Hälfte von ihnen hat einen Migrationshintergrund, knapp 15 Prozent davon sind Spätaussiedler aus der ehemaligen Sowjetunion. Der Schelmengraben ist eine Hochhaussiedlung am Rande des Wiesbadener Stadtteils Dotzheim, die in den 1960er- und 1970er-Jahren entstanden ist. Im Schelmengraben leben rund 6.000 Menschen aus 75 Nationen. Er gilt als sozialer Brennpunkt.

Falk Fatal mag gewisse Redewendungen nicht

Seit einiger Zeit haben zwei Redewendungen Konjunktur, die ich echt nicht mehr hören kann. Die eine ist: „Man wird ja wohl noch sagen dürfen." Die andere lautet: „Das hat damit aber nichts zu tun." Beide klingen recht harmlos, sind sie aber nicht. Wenn Menschen Sätze mit „Man wird ja wohl noch sagen dürfen, dass …" beginnen, geht der Satz garantiert nicht gut weiter. In der Regel folgen dann Verweise auf die angeblich unmenschliche Politik Israels, die Juden, die USA, die NSA oder CIA, die Lügenpresse oder die angeblich drohende Überfremdung und Islamisierung Deutschlands. Gleichzeitig suggeriert diese Redewendung, dass man hierzulande nicht alles sagen darf. Was falsch ist. Man darf in diesem Land alles sagen, was man will, solange man damit keine Gesetze verletzt.

Wer also wirklich glaubt, Deutschland schaffe sich ab und werde islamisiert und hinter allem, was auf dieser Welt falsch läuft, stecke sowieso die CIA oder der Mossad, darf das sagen. Er oder sie braucht sich aber nicht wundern, wenn die Gegenrede negativ ausfällt und man wahlweise als Rassist, Antisemit, wahnhaft oder dumm bezeichnet wird. Denn so einfach die Erklärung ist, es gebe eine geheime Verschwörung einer kleinen mächtigen Gruppe gegen den Rest der Welt oder gegen den Willen des Volkes, so falsch ist sie und zeugt von einem mangelnden Willen, sich wirklich um Erklärungen zu bemühen, was warum in dieser Welt falsch läuft. Im Mittelalter steckte Gott hinter allem schwer Verstehbaren, heute eine Verschwörung.

In eine andere Richtung zielt die Redewendung: „Das hat damit aber nichts zu tun." Die wird spätestens seit dem grausamen Anschlag auf *Charlie Hebdo*[37] in Paris gerne von Menschen verwendet, die darin keinen Zusammenhang mit dem Islam sehen wollen. Aber wenn Menschen im Namen ihrer Religion morden, dann hat das

---

37 *Charlie Hebdo* ist eine französische Satirezeitschrift, die unter anderem Karikaturen des Propheten Mohammeds veröffentlichte. Die Veröffentlichung der Karikaturen lösten in vielen muslimisch geprägten Ländern gewalttätige Proteste aus. Am 7. Januar 2015 wurde die Redaktion von *Charlie Hebdo* Opfer eines islamistischen Terroranschlags. Zwei Terroristen drangen in das Redaktionsbüro der Satirezeitschrift ein und töteten zwölf Menschen, darunter fünf prominente Karikaturisten aus dem Redaktionsteam der Zeitschrift, einschließlich des Herausgebers.

auch etwas mit ihrer Religion zu tun – wenn auch mit einer besonders pervertierten Auslegung davon, die zum Glück nur von einem verschwindend geringen Teil der Gläubigen so gelebt wird. Und es sollte klar sein, dass es DEN Islam, DAS Christentum, DIE Religion nicht gibt. Wer aber kategorisch sagt, das hat damit aber nichts zu tun, verschleiert den Blick auf einen Teil der Ursachen, die zu solch einem Wahnsinn führen. Ein klarer Blick ist aber wichtig, um die Ursachen zu bekämpfen und eine Diskussion in Gang zu bringen, wie Menschen, egal welcher Hautfarbe, Religion und Herkunft, hier wirklich friedlich zusammenleben können. Das wird nur durch ein gegenseitiges Geben und Nehmen möglich sein, an dessen Ende hoffentlich ein Kompromiss steht, den alle akzeptieren können.

Und nein, liebe Pegida[38], der Anschlag auf *Charlie Hebdo* ist kein Beleg für eine Islamisierung der westlichen Welt, sondern nur dafür, wohin Wahnsinn führen kann.

sensor #30; Februar 2015

---

38 Pegida, kurz für Patriotische Europäer gegen die Islamisierung des Abendlandes, ist eine islam- und fremdenfeindliche, rechtsextreme Organisation. Sie veranstaltet seit dem 20. Oktober 2014 in Dresden Demonstrationen gegen eine von ihr behauptete Islamisierung sowie die Einwanderungs- und Asylpolitik Deutschlands und Europas. Sie gilt als Vorbild für ähnliche, deutlich kleinere Gruppierungen in ganz Deutschland.

Falk Fatal war spazieren

Am 19. Januar nahmen knapp 10.000 Menschen am „No-Pegida-Spaziergang"[39] vom Hauptbahnhof zum Schlossplatz teil, und das trotz winterlicher Temperaturen, die etliche Spaziergänger frieren ließen. 10.000 Menschen, die für Offenheit, Toleranz, Demokratie und Solidarität spazierten. 10.000 Menschen, die zeigen wollten, dass in Wiesbaden kein Platz für Hass und Gewalt ist. Der „No-Pegida-Spaziergang" war ein kraftvolles, ein eindrucksvolles Zeichen für ein weltoffenes und tolerantes Wiesbaden. Aber der Spaziergang kann nur der Auftakt gewesen sein.

Denn selbst wenn Pegida, Legida und Co. in den vergangenen Wochen rückläufige Teilnehmerzahlen verzeichnet haben, heißt das nicht, dass die Einstellungen und Wahrnehmungen, die die Menschen auf die Straße getrieben haben, plötzlich verschwunden sind. Die sind immer noch da. Dafür reicht der Blick in die Kommentarspalten vieler Onlinemedien oder in den sozialen Netzwerken.

Die abschließende Kundgebung des „No-Pegida-Spaziergangs" war noch nicht ganz zu Ende, da versuchten schon die ersten Kommentatoren, den Spaziergang und seine Teilnehmer zu diskreditieren. Gewiss, die Kommentare geben kein repräsentatives Bild ab. Aber sie zeigen, dass Fremden- und Islamfeindlichkeit, dass Skepsis gegenüber Demokratie und Medien, dass das Gefühl innerhalb dieser Gesellschaft abgehängt worden zu sein, nicht einfach verschwunden sind.

Das belegt auch eine Studie der Universität Leipzig aus dem vergangenen Jahr. Demnach ist erfreulicherweise der Anteil der Deutschen, die ein geschlossenes rechtsextremes Weltbild haben, klar zurückgegangen. Er liegt jetzt bei 5,6 Prozent. Weniger erfreulich: Immer noch sind 20 Prozent der Bevölkerung ausländerfeindlich eingestellt. Deutlich größer sind die Ressentiments gegenüber Muslimen, Asylsuchenden und Sinti und Roma. Eine ebenfalls aktuelle Studie der Friedrich-Ebert-Stiftung kommt zu ganz ähnlichen Ergebnissen. Und selbst in einer Pressemitteilung der Stadt Wiesbaden, in der

---

39 Bei dem No-Pegida-Spaziergang handelte es sich um eine Demonstration für Offenheit, Toleranz, Demokratie und Solidarität, die sich gegen Ausländerfeindlichkeit und völkisch-nationalistisches Gedankengut richtete.

erste Ergebnisse zur Umfrage „Leben in Wiesbaden" vorgestellt wurden, ist zu lesen, dass beim Thema Ausländer und Integration von Migranten teilweise „integrationsablehnende, ausländerfeindliche Aussagen" getätigt worden seien. Es gibt also noch viel zu tun! Wenn der „No-Pegida-Spaziergang" also nicht nur ein Marketingevent für die öffentliche Darstellung der Stadt Wiesbaden gewesen soll, muss der gute Wille weiter in die Tat umgesetzt werden. Das geht nur mit Bildung und Begegnung. Die bisher geäußerte Hilfs- und Spendenbereitschaft vieler Wiesbadener, die den syrischen Flüchtlingen die Ankunft und Integration in Wiesbaden erleichtern wollen, ist da schon einmal ein guter Anfang. Darauf lässt sich aufbauen. Mehr aber auch nicht.

sensor #31; März 2015

Falk Fatal wünscht sich mehr Differenziertheit

Es ist schon merkwürdig, dass wir in einer Zeit, in der alle möglichst individuell sein wollen, über bestimmte Bevölkerungsgruppen sprechen, als handle es sich bei ihnen um einen monolithischen Block. Wir sprechen gerne von „den" Muslimen, vergessen dabei ganz oft, dass es sich dabei um einen deutschen Fußball-Weltmeister handelt. Oder um einen Literaturwissenschaftler in Kairo, um einen Banker in Kuala Lumpur, um einen nigerianischen Ölarbeiter im Nigerdelta. Oder um einen Gemüsehändler in Marseille.

Wir vergessen dabei auch gerne, dass es „den" Muslim, nicht gibt. Wir vergessen oft ihre kulturellen und landesspezifischen Prägungen und Sozialisationen. Irgendwie gehen wir in der öffentlichen Rede immer davon aus, dass alle, die potenziell muslimischen Glaubens sein könnten, auch bis in die Haarspitzen gläubig sind. Sind sie aber nicht. So kommt die Studie „Muslimisches Leben in Deutschland" des Bundesamts für Migration und Flüchtlinge zu dem Ergebnis, dass der überwiegende Teil der in Deutschland lebenden Muslime sich zwar als gläubig bezeichnet. Aber immerhin knapp ein Sechstel sieht sich als nicht oder wenig gläubig.

Wir vergessen auch gerne, dass ihre Religion selbst kein einheitliches Gebilde ist, sondern viele verschiedene Richtungen aufweist, die sich in ihren religiösen und politischen Inhalten und Lehren unterscheiden. Wir vergessen gerne, dass es Schiiten, dass es Sunniten, dass es Aleviten gibt – nur um ein paar zu nennen –, die sich alle wiederum nochmals in verschiedene Strömungen unterteilen: ganz so wie das Christentum, das auch aus mehr als der katholischen Kirche besteht. Und ja, es gibt die wahnsinnigen Salafisten. Aber genügend Wahnsinnige gibt es auch im Christentum. Anders Breivik zum Beispiel, der im Juli 2011 in Oslo und auf der Insel Utøya 77 Menschen tötete und bekennender Christ ist. Auch der Ku-Klux-Klan fackelt bei seinen Versammlungen das Holzkreuz nicht ohne Grund ab. Die Rassisten verstehen sich als radikale protestantische Organisation.

Und wenn wir von Muslimen fordern, sie sollen sich öffentlich vom Terrorismus distanzieren, vergessen wir sehr häufig, dass es deutlich mehr Muslime als Christen sind, die in Syrien und im Irak gegen den IS oder in Nigeria gegen Boko Haram kämpfen. Nur um eins klarzustellen: Ich bin kein Freund von Religionen. Ich glaube an keinen Gott. Von mir aus soll jeder an Gott, an Allah, an Jahwe, Krishna oder das fliegende Spaghettimonster glauben können, solange Anders- oder Nichtgläubige damit nicht in Mitleidenschaft gezogen werden. Aber wenn wir schon über Religionen reden, dann doch bitte differenziert und nicht so pauschal und oberflächlich, wie wir es sonst so gerne tun.

sensor #32; April 2015

Falk Fatal hat die Schnauze voll von Rassisten

Am Abend des 22. August 1992 griffen mehrere Hundert Rechtsradikale in Rostock-Lichtenhagen das Sonnenblumenhaus, wie die Zentrale Aufnahmestelle für Asylbewerber genannt wurde, und das angrenzende Wohnheim für ehemalige vietnamesische Vertragsarbeiter, mit Steinen und Molotow-Cocktails an – während bis zu 3.000 Menschen zusahen und applaudierten. Die Angriffe dauerten fünf Tage. Zeitweise zog sich die Polizei komplett zurück und überließ die Insassen des Hauses ihrem Schicksal. Erst als die mehr als hundert verbliebenen Bewohner evakuiert worden waren, beruhigte sich die Lage. Dass es keine Todesopfer zu beklagen gab, kann als glückliche Fügung bezeichnet werden.

Sinnbild dieser Ausschreitungen ist das Foto eines Mannes mit Schnurrbart, der mutmaßlich eine vollgepinkelte Jogginghose und ein Trikot der deutschen Fußball-Nationalmannschaft trug und dabei den rechten Arm zum Hitlergruß hob. Dieses Foto widerspricht der gängigen Vorstellung, dass es sich bei Rassisten immer um Männer mit kahlrasierten Köpfen, Springerstiefeln und Bomberjacke handelt. Die Ausschreitungen in Lichtenhagen zeigten, dass Rassismus nicht nur am rechten Rand der Gesellschaft zu finden ist, sondern auch in der gesellschaftlichen Mitte auf Zustimmung trifft.

Nachdem sich der erste Schock der Öffentlichkeit gelegt hatte, fristete das Thema Ausländerfeindlichkeit in den folgenden Jahren oft ein Nischendasein, obwohl seitdem mehr als 100 Menschen durch rechte Gewalt ums Leben gekommen sind und es laut einer Zählung der Amadeu-Antonio-Stiftung allein im vergangenen Jahr 153 gewalttätige Angriffe auf Flüchtlingsunterkünfte gab. Studien der Uni Leipzig und der Friedrich-Ebert-Stiftung zeigen zudem regelmäßig, dass rund ein Fünftel der Deutschen ausländerfeindlich eingestellt ist.

Es heißt immer, Deutschland sei spätestens mit dem „Sommermärchen" von 2006 weltoffener geworden. Doch auch ein Sommermärchen ist ein Märchen: eine erfundene Geschichte. Wer das nicht glaubt, sollte zurzeit einen Blick nach Mainz werfen, wo ein Streit darüber entbrannt ist, ob das Logo der Firmen von Thomas und Ernst

Neger[40] rassistisch ist oder nicht. Viele Kommentare der Logo-Verteidiger bei *Facebook* triefen nur so vor Rassismus. Das geht damit los, dass farbige Menschen aufgefordert werden, dahin zurückzugehen, wo sie herkommen, ohne dass die Kommentatoren wüssten, woher die farbigen Studenten kommen, bis hin zu Gewaltandrohungen und Anspielungen auf die nationalsozialistische Deportation der Juden. Am liebsten würde ich beim Lesen solcher Kommentare vor Ekel überm Porzellan ausflocken.

Vor einiger Zeit schrieb ich hier, dass der No-Pegida-Spaziergang in Wiesbaden (und natürlich auch anderswo) nur ein Anfang gewesen sein kann. Solange der Rassismus noch in so vielen Köpfen steckt, gilt das auch weiterhin.

sensor #33; Mai 2015

---

40 Ernst Neger war ein Mainzer Fastnachtssänger, der jährlich als der „singenden Dachdeckermeister" während der Fernsehfastnacht bei „Mainz bleibt Mainz, wie es singt und lacht" zu sehen war. Das Logo des von ihm gegründeten Dachdeckerbetriebs zeigt die stilisierte Figur einer schwarzen Person mit wulstigen Lippen und großen Ohrringen. Das Logo wurde zu dem Zeitpunkt, als die Kolumne verfasst wurde, auch von der Firma seines Enkels Thomas, der Thomas Neger Metallsysteme GmbH, verwendet. In der Vergangenheit wurde das Logo immer wieder als rassistische Darstellung schwarzer Menschen kritisiert. Bei beiden Firmen ist das Logo mittlerweile nicht mehr auf der Webseite zu finden. (Stand 22.8.2022)

Falk Fatal ist dumm und glücklich

Wiesbaden ist die dümmste Stadt Deutschlands. Das sage nicht ich, sondern die Website mein-wahres-ich.de. Die ist für ihre fundierten Psychotests bekannt. „Welcher 80er- Jahre-Serienstar bist du?", ist so ein Test. Ich weiß jetzt, dass ich Magnum bin. Dabei habe ich bei Frage 2: „Wie kommst Du zur Arbeit?", nicht „Im Ferrari Testarossa" angeklickt, sondern „Zu Fuß". Weitere Tests verraten mir, welcher Cocktail ich wäre (Long Island Ice Tea) oder welche Asterix-Figur zu mir passt (Asterix). Die Tests werden sicherlich von den besten Psychologen entworfen. Qualität pur.

Die Website bietet auch einen IQ-Test an. Den haben im April 100.000 Menschen gemacht, und das Ergebnis ist wenig schmeichelhaft für die hessische Landeshauptstadt. Mit einem Durchschnitts-IQ von 104 liegt Wiesbaden auf dem letzten Platz. Ein kleiner, nicht repräsentativer Spaß für *Facebook*.

Trotzdem wurde ich stutzig, als ich mir die Rangliste anschaute. Die sieht von unten betrachtet nämlich genauso aus wie das Ranking der fahrradfreundlichsten Städte Deutschlands. Auf dem letzten Platz liegt jeweils Wiesbaden. Vielleicht ist der Test doch repräsentativer als gedacht. Zwischen IQ und Fahrradfreundlichkeit sehe ich auf jeden Fall einen Zusammenhang.

Dümmste Stadt Deutschlands, das klingt nicht schön. Aus Sicht des Stadtmarketings eine Katastrophe. Vor allem, da Wiesbaden gerne Universitätsstadt[41] wäre. Andererseits empfiehlt die Ratgeberliteratur, die eigenen Schwächen in Stärken umzuwandeln. Stichwort: Scheitern als Chance! Vorbild Berlin. Die sind arm, aber sexy. Wiesbaden ist dumm. Laut Befragungen der Stadt sind Wiesbadens Bewohner aber zufrieden und leben gerne hier.

Wiesbaden: dumm und zufrieden. Klingt nicht schlecht. Kann man aus Sicht des Marketings aber noch zuspitzen. Besser ist: dumm und

---

41 Wiesbaden war nie eine klassische Universitätsstadt. Seit 1971 beheimatete die hessische Landeshauptstadt immerhin eine Fachhochschule, die sich heute *Hochschule Rhein-Main* nennt. Doch eine Fachhochschule reicht nicht, um sich Universitätsstadt nennen zu dürfen. Als aber die im Rheingau beheimatete private *European Business School* (EBS) den Plan äußerte, sich um eine zweite Fakultät zu erweitern und damit Universität zu werden, griff die Stadt Wiesbaden zu und subventionierte die Eröffnung der Law School der EBS in Wiesbaden, womit Wiesbaden nun eine Universitätsstadt ist.

glücklich. Mit dem Slogan ist 1998 zwar die Anarchistische Pogo Partei Deutschlands[42] in die Bundestagswahl gegangen. Aber wer erinnert sich noch an die Neunziger, wenn nicht gerade auf einer 90er-Jahre-Party zu *Whigfield*[43] getanzt wird? Also dumm und glücklich. Top-Slogan! Klingt auch besser als: „Wiesbaden, eine spießige Beamtenstadt." Oder: „Wiesbaden, ohne meinen SUV gehe ich nicht auf die Straße."

Ich kann mit „dumm und glücklich" gut leben. Fährt man in eine andere Stadt, kann man sich prima gehen lassen. Man wird auf Verständnis stoßen.
„WTF???"
„Ich bin aus Wiesbaden."
„Ach so. Ja dann. Sorry. Du kannst ja nichts dafür."
Oder man macht den Test so lange, bis man mehr als 104 Punkte erreicht hat. Dann kann man auf der Wilhelmstraße die Nase schön hoch tragen und sich denken: „Ihr Idioten. Ihr bekommt doch gerade mal eine Banane geschält." Und so ein Überlegenheitsgefühl trägt ja auch zum persönlichen Glück bei. Und ist Glück nicht das, wonach wir alle streben? Eben!

sensor #34; Juni 2015

---

42 Die Anarchistische Pogo Partei (APPD) wurde 1981 von den hannoverschen Punks Zewa und Kotze als Anwalt des Pöbels und der Sozialschmarotzer gegründet. Den größten Erfolg hatte die APPD 1998, als sie bei der Bundestagswahl antrat und immerhin 0,07 Prozent der Wählerstimmen erhielt. Neben „Saufen, saufen, jeden Tag nur saufen" und „Arbeit ist scheiße"gehörte „Dumm und glücklich" zu den beliebtesten Wahlslogans der Partei. Der Autor war Teil des hessischen Wahlkampfteams, das erfolgreich die 2.000 benötigten UnterstützerInnen-Unterschriften sammelte, um in Hessen auf dem Wahlzettel zu stehen.
43 *Whigfield* ist eine dänische Sängerin, die 1994 auf dem Höhepunkt des Eurodance-Hypes mit ihrer Single „Saturdaynight" einen Nummer 1 Hit in Deutschland, England und Österreich landete.

Falk Fatal fährt Rad

Potzblitz! Das hätte ich nicht gedacht! „Das Auto ist das Lieblingsverkehrsmittel der Wiesbadener", teilt die Stadtverwaltung mit. Anlass für diese Mitteilung war eine Studie zur „Mobilität in Städten" des Rhein-Main-Verkehrsverbunds (RMV). Für Menschen, die wie ich täglich mit dem Fahrrad in Wiesbaden unterwegs sind, ist das Ergebnis wenig überraschend. Das Auto ist das einzige Verkehrsmittel, das sich auf Wiesbadens Straßen bewegen darf, scheinen viele Autofahrer zu glauben. Zumindest gemessen an ihren Reaktionen, wenn man freundlich daran erinnert, dass ein gewisser Seitenabstand nett wäre, da man es nicht mag, vom Seitenspiegel touchiert zu werden. Oder wenn man darauf hinweist, dass der Fahrradstreifen Fahrrädern vorbehalten sein soll und nicht Autos. „Verpiss dich mit deinem scheiß Fahrrad", ist da noch eine der netteren Reaktionen.

Die Aktion *Stadtradeln*[44], an der Wiesbaden dieses Jahr teilnahm, könnte manchen Wiesbadener vielleicht zum Umdenken bringen. Doch die Stadt Wiesbaden versagte grandios. Vielleicht, weil man es sich mit den Autofahrern nicht verscherzen will? Wenn die Stadt wirklich „zum Fahrradfahren anstiften" will – zumindest zitierte der Wiesbadener Kurier vergangenes Jahr so den Leiter der Abteilung Verkehrsplanung und -technik im Tiefbauamt – dann müsste sie solch eine Aktion pushen und nicht so erbärmlich verenden lassen. In rund 300 anderen Kommunen ist das *Stadtradeln* seit Jahren ein großer Erfolg. In Wiesbaden scheint sie als Feigenblatt zu dienen. Man hat ja mitgemacht. Und so schlimm ist es nach Ansicht des Leiters der Abteilung Verkehrsplanung und -technik auch wieder nicht. Fahrradfahren würde in Wiesbaden zu Unrecht als unattraktiv beschrieben. Er fährt wahrscheinlich selten mit dem Rad zur Arbeit.
  Lässt man die Polemik weg und schaut genauer hin, weist die Untersuchung doch einige interessante Zahlen auf. So sind mittlerweile 83 Prozent aller Wiesbadener Haushalte mit mindestens einem Auto ausgestattet. Bei der vorherigen Untersuchung aus dem Jahr 2002 waren es nur 68 Prozent. Gleichzeitig wird das Auto aber

---

44 *Stadtradeln* ist ein Wettbewerb zwischen Städten und Kommunen, bei dem es darum geht, dass die Bürgerinnen und Bürger 21 Tage lang möglichst viele Alltagswege klimafreundlich mit dem Fahrrad zurückzulegen. In Wiesbaden bis heute ein lebensgefährliches Unterfangen.

seltener genutzt. Wurden 2002 noch 56 Prozent aller Wege mit dem Auto zurückgelegt, waren es zum Umfragezeitpunkt 2013 rund 48 Prozent. Dafür wird mehr gelaufen – immerhin knapp ein Drittel aller Wege. Und auch das Fahrrad profitiert. Dessen Anteil hat sich verdoppelt! Von verschwindend geringen drei auf unglaublich wenige sechs Prozent. Der Radverkehr fristet weiterhin ein Nischendasein. Mehr – und frühzeitige – Unterstützung seitens der Stadt für die Aktion *Stadtradeln* wäre also sinnvoll gewesen. Im Sinne der Außendarstellung wäre es auch nicht verkehrt, den Titel „fahrradunfreundlichste Stadt" abzugeben – aber dafür müsste für den Radverkehr wirklich etwas getan und nicht nur Sonntagsreden gehalten werden.

sensor #35; Juli/August 2015

Falk Fatal gibt die Hoffnung nicht auf

Deutschland wird seit Anfang des Jahres von einer Welle der Gewalt überrollt. Häuser werden abgefackelt, wehrlose Menschen werden attackiert. Mehr als 200 Anschläge sind bislang gezählt worden. Bestünde der Verdacht, dass Islamisten dahinter stecken – Politik, Medien und Sicherheitsorgane würden von Terrorismus sprechen. Die Innenminister von Bund und Ländern würden sich mit abstrusen Gesetzesinitiativen überbieten, die die innere Sicherheit verbessern sollen. Wahrscheinlich würde mittlerweile die Bundeswehr durch die Straßen patrouillieren.

Es handelt sich aber nicht um islamistischen Terror, sondern nur um den „Protest besorgter Bürger", denen es nicht mehr reicht, nur keifend vor Flüchtlingsheimen zu stehen und die ihren Worten Taten folgen lassen wollen. Ein mediales Gepolter seitens der Politik bleibt aber – bis auf wenige Ausnahmen – aus. Zumindest ist es bei Weitem nicht so laut, wie wenn islamistische Terroristen am Werk wären. Gewalt gegen Flüchtlinge scheint auf der politischen Agenda keine große Rolle einzunehmen.

Stattdessen scheint die bevorzugte Lösung so auszusehen, dass man einfach weiter das Asylrecht aushöhlt und sich das Problem so irgendwann von selbst erledigen wird.

Würde man aktiv dagegen angehen, müsste auch die eigene Politik kritisch hinterfragt werden, die zum Beispiel dafür sorgte, dass während Kristina Schröders Amtszeit als Bundesfamilienministerin Initiativen gegen Rechts nur dann staatliche Gelder bekamen, wenn sie die sogenannte Extremismusklausel unterzeichneten – was viele ablehnten.

Man könnte auch fragen, warum die Ermittlungsbehörden bei den NSU-Morden jahrelang einen rechtsradikalen Hintergrund nicht einmal in Erwägung zogen.[45]

---

45 Von 2000 bis 2006 verübten die Neonazis Beate Zschäpe, Uwe Mundlos und Uwe Böhnhardt als Nationalsozialistischer Untergrund (NSU) mindestens neun Morde an Enver Şimşek, Abdurrahim Özüdoğru, Süleyman Taşköprü, Habil Kılıç, Mehmet Turgut, İsmail Yaşar, Theodoros Boulgarides, Mehmet Kubaşık und Halit Yozgat, allesamt Kleinunternehmer mit Migrationshintergrund. Auch die Polizistenmorde von Heilbronn werden der NSU zugerechnet. Während der polizeilichen Ermittlungen schlossen die Behörden einen rassistischen Hintergrund immer aus. Stattdessen gingen sie von Morden im Milieu der organisierten Kriminalität aus und fokussierten sich auf die Opfer und ihre Angehörigen.

Erinnert sich noch jemand an Uwe-Karsten Heye? Der ehemalige Regierungssprecher Gerhard Schröders hatte 2006 im Vorfeld der Fußball-WM ausländische Fans vor einem Besuch in bestimmten Regionen Ostdeutschlands gewarnt. Dort könne aufgrund von Ausländerfeindlichkeit nicht für ihre Sicherheit garantiert werden. Was danach auf ihn einprasselte, würde man heute als Shitstorm bezeichnen. Die WM verlief ohne größere Zwischenfälle. Hinterher sprach man vom Sommermärchen. Aber das ist immer noch ein Märchen – eine Geschichte, die nicht der Wahrheit entspricht, wie sich aktuell zeigt. Deutschland hat ein Rassismusproblem. Es wird Zeit, das endlich zur Kenntnis zu nehmen und dagegen anzugehen. Es wird Zeit, dass wir alle, denen die Biedermeier und Brandstifter ein Dorn im Auge sind, uns lautstark zur Wehr setzen.

Gut, dass es auch positive Beispiele gibt. Menschen und Initiativen, die ehrenamtlich helfen, Flüchtlingen die Ankunft in Deutschland zu erleichtern, wie in dieser Ausgabe zu lesen ist. Das macht Hoffnung, dass irgendwann doch die Weltoffenheit einzieht, die in Sonntagsreden so gerne beschworen wird.

sensor #36; September 2015

Auch wenn Zschäpe mittlerweile zu lebenslanger Haft verurteilt wurde und Mundlos und Böhnhardt sich umgebracht haben, bleiben noch viele Fragen offen. Zum Beispiel, wie es dem Trio gelingen konnte, jahrelang unentdeckt zu bleiben, was ohne Unterstützernetzwerk nur schwer vorstellbar ist, und welche Rolle vor allem das Bundesamt für Verfassungsschutz und das Thüringer Landesamt für Verfassungsschutz dabei spielten. Ebenso bleibt die Frage ungeklärt, wie es zu so vielen Pannen und Ermittlungsfehlern kommen konnte.

Falk Fatal ist auf den Hund gekommen

Wenn man mich früher fragte, wie ich es mit Hunden halte, antwortete ich meist mit einem Lied der Berliner Punkrockband *Terrorgruppe*. „Der Bernhardiner ist mir der Liebste, denn er trägt ein Fässchen voller Branntwein. Darum sollten Bernhardiner die einzigen Hunde auf der Erde sein"[46], sang ich meinen Gesprächspartnern dann vor – womit sich das Gespräch über Hunde meist erledigte (was aber auch meinen Sangeskünsten liegen kann). Es war nicht einmal so, dass ich groß etwas gegen Hunde hatte. Ich wollte einfach keinen besitzen. Zu viel Verantwortung und Einschränkung schien es mir, sich um einen Hund zu kümmern. Ich habe ja schon genug damit zu tun, für mein eigenes Leben Verantwortung zu tragen, wie soll das dann bei einem anderen Lebewesen funktionieren, redete ich mir ein.

Was war ich für ein Narr!

Amy ist es zu verdanken, dass alles anders kam. Sie liebt Hunde. Jahrelang bearbeitete sie mich, bis ich schließlich einwilligte, mir eine Hündin anzuschauen, die ein neues Zuhause sucht. Steter Tropfen höhlt bekanntlich den Stein. Als ich *Bailey* sah, war es um mich geschehen: Es war Liebe auf den ersten Blick. Die süßeste Hundedame der Welt hatte mich um den Finger gewickelt. Ein schwarzer Mischling, dem wir gerne ein neues Zuhause bieten wollen.

Meine Befürchtungen bestätigten sich natürlich nicht. Früher hatte ich immer den Vorsatz, vor der Arbeit ins Fitnessstudio zu gehen. Ich stellte mir den Wecker eine Stunde früher und blieb dann regelmäßig liegen. Jetzt mit *Bailey*, kein Problem. Selbst wenn meine Finger mal auf der Snooze-Taste landen, fährt kurz darauf eine feuchte Hundezunge über mein Gesicht und erinnert mich an mein Gassi-Date. Dann springe ich aus dem Bett und freue mich auf unseren Streifzug durchs Viertel oder den Park. Abends und am Wochenende geht es dann meist in den Wald.

Ich liebe diese Spaziergänge. Ich hätte nie gedacht, wie viel Spaß es macht, einfach zu beobachten, wie *Bailey* scheinbar gedankenverloren an einem Strauch schnüffelt, plötzlich den Kopf hebt, die Ohren spitzt, kurz nach links und rechts schaut und dann wieder den

---

46 *Terrorgruppe* „Hunde wollt ihr ewig leben"

Kopf senkt, um zu vollenden, was sie begonnen hat. Oder einfach diese Strahlen in den Augen, wenn ich nach Hause komme und sie mich mit wedelndem Schwanz begrüßt. Und ich lerne täglich dazu. So weiß ich endlich, woher die Redewendung von der Nase, die in alles gesteckt werden muss, kommt. Kaum ein Busch, in der *Baileys* Nase nicht verschwindet.

Ein weiterer schöner Nebeneffekt: Ich lerne die Stadt von einer Seite kennen, der ich in der Vergangenheit viel zu wenig Beachtung geschenkt habe. Unglaublich, wie viel Schönheit vor unserer Haustür zu finden ist.

Ich hätte nie damit gerechnet, jemals einen Hund zu haben. Jetzt nach knapp drei Monaten mit *Bailey*, kann ich mir nicht mehr vorstellen, ohne Hund zu leben. Und das mit dem Fässchen voller Branntwein: Das kriegen wir auch noch hin.

sensor #37; Oktober 2015

Falk Fatal und der kleine Mann von der Straße

Der kleine Mann von der Straße hat die Schnauze gestrichen voll. Ganz Wiesbaden ist eine Baustelle, so scheint es ihm. Überall werden die Straßen aufgerissen und wieder zugeschüttet. Was die machen, ist ihm egal. Er findet es scheiße.

Denn jetzt dauert der Feierabendstau auf dem ersten Ring fünf Minuten länger als sonst. Dass er letzte Woche über die vielen Schlaglöcher in Wiesbadens Straßen geschimpft hat, hat er da schon längst vergessen. Er sucht nämlich schon seit einer halben Stunde einen Parkplatz. Gerne würde er sich einfach ins Halteverbot stellen. Aber er hat den Monat schon vier Knöllchen bekommen. Das machen die von der Stadt bestimmt extra. Nur um ihn zu ärgern. Findet er scheiße.

Sonst hat der kleine Mann nichts gegen Abschreckung. Die Strafen können ihm nicht hart genug sein. Ist doch kein Wunder, dass die Kriminalität so hoch ist, wenn Knast ein besserer Ausflug ins Landjugendheim ist. Der Hoeneß zum Beispiel. Das ist doch ein Witz, was der an Strafe bekommen hat. Zig Millionen hat er an Steuern unterschlagen und bekommt dann nur zwei Jahre oder so. Dass der kleine Mann es mit der Steuer nicht so genau nimmt und bei den Werbungskosten gerne mal schummelt – geschenkt. Machen doch alle so. Auch dass jetzt diese arbeitsscheuen Flüchtlinge in Wiesbaden herumlungern, stinkt ihm gewaltig. Da kann man sich bald nicht mehr vor die eigene Haustür trauen. Für die hat der Staat Geld. Aber nicht für die Millionen Obdachlosen, die hier auf der Straße vegetieren müssen. Das ist eine Schande, findet er. Dass er die Penner vom Faulbrunnen vor kurzem am liebsten alle ins Gas geschickt hätte, braucht ja niemand zu wissen.

Er sorgt sich bloß um das christliche Abendland, auch wenn er 1985 bei seiner Hochzeit das letzte Mal in einer Kirche war und es auch sonst mit den zehn Geboten nicht so genau nimmt. Aber was soll man nur machen mit dem kleinen Mann? Er ist immer unzufrieden und fühlt sich betrogen von denen da oben. Wenn es nur einer wäre, könnte man ihn überhören. Aber es sind viele kleine Männer. Und natürlich auch Frauen, um genderneutral zu bleiben.

Apropos Gender-Mainstreaming[47]. Noch so ein Ding, das der kleine Mann nicht versteht. Was soll das überhaupt? Er hat gehört, dass alles Männliche aus der deutschen Sprache verschwinden soll. Stattdessen soll nur noch die weibliche Form verwendet werden. Das verhunzt die deutsche Sprache doch total. Das macht ihn sauer. WAS GOETE WOHL DAZU SAGEN WÜRDE???? tippt er voller Zorn ins Internet. Da der kleine Mann von wenig Ahnung (außer Fußball!), aber zu allem eine Meinung hat, weiß er die Antwort: SCHEISSTRECK!!!!!

Man könnte eigentlich über den kleinen Mann lachen, doch das wäre falsch. Man muss ihm widersprechen. Denn er ist der Biedermann, der den Brandstifter gewähren lässt. Und das hat noch nie ein gutes Ende genommen.

sensor #38; November 2015

---

47 Gender-Mainstreaming ist laut Wikipedia eine Strategie zur Förderung der Gleichstellung der Geschlechter und bedeutet, die unterschiedlichen Lebenssituationen und Interessen von Menschen aller Geschlechter bei allen Entscheidungen auf allen gesellschaftlichen Ebenen zu berücksichtigen, um so die Gleichstellung durchzusetzen.

Falk Fatal und die Kolumne
der ungeschriebenen Kolumnen

Immer mal wieder werde ich gefragt, wie ich auf die Themen dieser Kolumne komme. Da es seitens der Redaktion keine Vorgaben gibt, eine gute Frage. Ich würde ja gerne sagen, die Themen fliegen mir einfach so zu, aber bis auf wenige Ausnahmen grüble ich zwei, drei Wochen über das jeweilige Thema nach. Ideen kommen, andere werden verworfen, und irgendwann steht die Deadline vor der Tür, und ich muss mich für ein Thema entscheiden. Das heißt nicht, dass die verworfenen Ideen unbedingt schlecht sind. Meist ist es einfach so, dass das Thema, für das mich dann entscheide, mir in dem Moment dringlicher oder besser erscheint.

So will ich zum Beispiel schon lange mal über religiöse Fanatiker schreiben. Ich frage mich, was ist bei diesen Menschen im Kopf schiefgelaufen? Das frage ich mich auch bei den Spinnern, die Aluhüte tragen. Nicht nur, dass die Dinger scheiße aussehen. Sie sind Schwachsinn. Aber erzähle das mal jemandem, der glaubt, Kondensstreifen würden von einer geheimen Weltregierung eingesetzt, um die Menschheit zu vergiften. Das sind auch die Menschen, die über die Lügenpresse schimpfen, aber gleichzeitig glauben, 2017 werde die D-Mark wieder eingeführt, nur weil sie das auf einer obskuren Internetseite gelesen haben. Argumente und Fakten helfen da nicht weiter, sondern nur eine Zwangseinweisung in die Klapsmühle.
  Mindestens eine Therapie brauchen auch die Leute, die ihre Kinder nicht impfen lassen, weil das gefährlich sei. Wie kommt man auf so einen Scheiß? Weil man zu viele Mittelalter-Romane gelesen hat? Weil die „Wanderhure"[48] sich auch nie hat impfen lassen?

Auch ein Thema, über das ich schon immer einmal schreiben wollte, ist das Supermarktkassen-Phänomen. Warum stellt man sich im Supermarkt, wenn man die Wahl zwischen mehreren Kassen hat, immer in die Schlange, in der man am längsten warten muss, bis man sein Tomatenmark, die dazugehörigen Nudeln und die Flasche Rotwein bezahlen kann – obwohl sie eigentlich die kürzeste Schlange war?

---

48 „Die Wanderhure" ist der erste Band einer gleichnamigen Mittelalter-Romanreihe.

Auch ein Phänomen sind die Autofahrer, die Phil Collins, Helene Fischer oder *Whigfield* – also die beschissenste Musik überhaupt – in solch einer Lautstärke hören müssen, dass die komplette Straße damit beschallt wird. Ist das nicht auch eine Form von Lärmbelästigung? Und nicht zu vergessen die Menschen, die zwar die Hinterlassenschaften ihrer Hunde brav in einen Kotbeutel packen, dann aber zu faul sind, diese in einen Mülleimer zu werfen, obwohl der nur wenige Meter entfernt ist.

Ihr seht schon, Themen gibt es genug. Und da man am Ende des Jahres damit beginnt, gute Vorsätze fürs nächste Jahr zu schmieden, ist mein Vorsatz nächstes Jahr, eine der ungeschriebenen Kolumnen zu verfassen. Mal schauen, ob ich damit mehr Erfolg habe als damit, mit dem Rauchen aufzuhören.

Kommt gut ins neue Jahr.

sensor #39; Dezember 2015/Januar 2016

Falk Fatal sieht kein Ende des Wahnsinns

Neues Jahr, neues Glück, tut der Volksmund gerne kund. Damit ist die Vorstellung verbunden, dass der Jahreswechsel einen Einschnitt bedeutet, dass die Welt zumindest für einen kurzen Moment zur Ruhe kommt. Für einen selbst mag das stimmen, entschleunigt sich zwischen den Jahren das Leben doch für die meisten von uns. Doch während man noch damit kämpft, die Weihnachtsgans zu verdauen und das Raclette für Silvester vorzubereiten, dreht die Welt sich einfach weiter.

Bestes Beispiel sind die sexuellen Belästigungen, die in der Silvesternacht in Köln[49] und in anderen Städten begangen wurden. Die Übergriffe sind gleich mehrfach schlimm. Zuallererst und am schlimmsten natürlich für die betroffenen Frauen. Aber auch für die hier lebenden Migranten, Flüchtlinge und Deutsche mit Migrationshintergrund, die friedlich ihr Leben leben und jetzt von den Rassisten, die sich gerne besorgte Bürger nennen, in einen Topf mit den Straftätern der Silvesternacht geworfen werden. Es ist aber auch schlimm für diese Gesellschaft. Das Klima wird immer schlechter, die Spaltung immer größer.

Hier das weltoffene Deutschland, dort die „besorgten" Bürger, die sich von der Welt abschotten wollen. Nimmt man die vielen Kommentare in den sozialen Medien oder auf den Webseiten der Presse ernst – und angesichts brennender Flüchtlingsheime, Nazi-Hools auf Menschenjagd und sich formierender Bürgerwehren muss man sie ernst nehmen –, zeigt sich auch auf erschreckende Weise, wie viele Menschen in diesem Land bereit sind, die Demokratie gegen die Barbarei einzutauschen.

Immerhin könnten die Verbrechen der Silvesternacht dafür sorgen, dass Frauen künftig besser vor sexuellen Übergriffen geschützt

---

49 In der Silvesternacht 2015 kam es in Köln am Hauptbahnhof und am Dom zu zahlreichen sexuellen Übergriffen auf Frauen von vornehmlich jungen Männern aus dem nordafrikanischen und arabischen Raum. Es wurden in der Folgezeit rund 1.200 Strafanzeigen gestellt, die Hälfte davon betraf auch Sexualdelikte. Die Polizei hatte die Lage in jener Nacht offensichtlich nicht unter Kontrolle. Die Polizei stellte die Lage am nächsten Morgen jedoch anders dar. Die erste Pressemeldung der Polizei Köln am Neujahrstag trug die Überschrift „Ausgelassene Stimmung – Feiern weitgehend friedlich", ein Narrativ, das zunächst vor allem überregionale Medien in ihrer Berichterstattung übernahmen.

werden, könnte man einwenden. Ich fürchte nur, dass dies leider ein Trugschluss ist. Viele derjenigen, die jetzt darauf pochen, dass auch Frauen das eigentlich selbstverständliche Recht auf körperliche und sexuelle Unversehrtheit zusteht, hatten in der Vergangenheit kein Problem damit, wenn ein alternder FDP-Politiker anzügliche Bemerkungen über das Dekolleté einer jungen Journalistin macht[50], oder dass es in der Vergangenheit jedes Jahr auf dem Oktoberfest oder an Fastnacht reihenweise zu sexuellen Belästigungen kommt. Bei diesen Menschen hat man den Eindruck, die Übergriffe der Silvesternacht sind ein gern genommener Deckmantel, um dem eigenen Rassismus freien Lauf zu lassen.

Immerhin wurde jetzt das Asylrecht mal wieder verschärft. Dumm nur, das man die meisten Täter nicht wird abschieben können, da das verharmlosend genannte „Grapschen", das scheinbar das Gros der Übergriffe der Silvesternacht darstellt, kein Straftatbestand ist. Für Frauen bleibt es leider dabei: überall dort, wo viele alkoholisierte Männer anzutreffen sind, müssen sie damit rechnen, sexuell belästigt zu werden – ganz gleich, welcher Nationalität die Männer sind.

Neues Jahr, neues Glück? Eher nicht.
Der Wahnsinn geht weiter.

sensor #40; Februar 2016

---

50 Ende 2013 löste der im Stern erschienene Artikel „Der Herrenwitz" der Journalistin Laura Himmelreich in der deutschen Öffentlichkeit eine breite Diskussion über Sexismus aus. Himmelreich warf dem FDP-Politiker und ehemaligen Bundeswirtschaftsminister Rainer Brüderle darin vor, ihr gegenüber anzügliche Bemerkungen gemacht zu haben, unter anderem über ihr Dekolleté.

Falk Fatal irrt durch den Wahlkampfschilderwald[51]

WI[52] gut für die Kampa der SPD Wiesbaden, dass sie in Wiesbaden beheimatet ist. Was wi eine Binse klingt, entpuppt sich bei näherer Betrachtung als glückliche Fügung. Wäre sie zum Beispiel in Mainz beheimatet, stünden die Wahlkampfstrategen vor erheblichen kreativen Hürden. Wortspiele mit dem städtischen Kennzeichen oder den ersten beiden Buchstaben im Stadtnamen, würden dann nicht mehr funktionieren. „Wie es weitergeht? Mzgrmpf" oder „Wie es weitergeht? Ma gucken" wären wohl wenig dazu angetan, Wahlvolk anzusprechen. Wi gut also, dass die Wiesbadener SPD in Wi beheimatet ist. Da kann man zur Antwort auf die Frage, „Wi es weitergeht?", locker-flockig sympathische Adjektive wie menschlich oder sozial als Antwort aneinanderreihen.

Deutlich mehr Testosteron war wohl im Spiel, als die CDU ihre Wahlkampfslogans festlegte. Anders kann ich mir den Slogan „Stärke zeigen" nicht erklären. Einer der Strategen wird noch gefragt haben: „Wobei sollen wir Stärke zeigen?" Die Antwort war: „Bei allem." Und so kam es dann, dass man sich jetzt beim Flanieren durch die Straßen über famose Slogans wie „Sicherheit schaffen. Stärke zeigen", „Generationen verbinden. Stärke zeigen" oder „Butter essen. Stärke zeigen" freuen kann. Immerhin liegt die CDU damit thematisch nahe bei den Freien Wählern, die sich auch „Sicherheit und Sauberkeit" wünschen. Doch ganz sicher sind sie nicht, ob das zu schaffen ist. Sie halten das nur für machbar.

Ohne jeden Zweifel an ihren Slogans stürzt sich die Wiesbadener FDP in den Wahlkampf. Mag das Guido-Mobil[53] eingemottet worden sein, Reste der einstigen Spaßpartei sind immer noch lebendig. Ganz gaga fordert man „Mehr Parkplätze". Warum nicht gleich „Freibier für

---

51 Am 6. März 2016 wurde in Wiesbaden eine neue Stadtverordnetenversammlung gewählt. Die Wahl wird alle fünf Jahre abgehalten.

52 WI ist das Kfz-Kennzeichenkürzel für Wiesbaden.

53 Das Guido-Mobil war ein gelb-blaues Wohnmobil Winnebago Elanté 37, Baujahr 1992, mit dem der damalige Vorsitzende und Spitzenkandidat Guido Westerwelle durch den Spaßwahlkampf zur Bundestagswahl 2002 cruiste und das anvisierte Ergebnis von 18 Prozent haarscharf um 10,6 Prozent verpasste.

alle"? Davon hätten wenigstens auch die Radfahrer etwas. Noch besser ist Norman Gablers[54] Forderung: „Moderne Schulen statt Windräder". Als ob sich das widersprechen würde. Saubere Energie für Wiesbaden und moderne Schulen sind doch beide erstrebenswert. Endgültig gaga wird das Plakat aber durch die Arbeitshandschuhe, die einen Laptop halten. „Wir packen es an" soll das wohl symbolisieren. Blöd nur, dass man den Handschuhen ansieht, dass die noch nie etwas angepackt haben. Dafür versöhnen mich die Liberalen mit ihrem Slogan „Mittelstand: ja. Stillstand: nein." Da muss ich immer an Roberto Blancos Alltime-Hit „Samba si, Arbeit no" denken. Aber eines muss man den Liberalen zu Gute halten: Sie haben die Zunge vom Löschpapier gelassen. Anders die *Unabhängigen*. Die sehen nur bunt[55].

Allumfassend sympathisch kommen die Linken daher. Die wollen „Reichtum besteuern. Armut bekämpfen. Zukunft finanzieren. Flüchtlingen helfen. Kriege beenden. Rassisten stoppen." Sehr gerne. Die Wiesbadener Stadtverordnetenversammlung wird es schon richten. Deshalb: Am 6. März ist Kommunalwahl. Wir sehen uns im Wahllokal.

sensor #41; März 2016

---

54 Norman Gabler war der damalige Kreisvorsitzende der FDP Wiesbaden.

55 Das Wahlplakat der Unabhängigen Liste Wiesbaden zeigte einen flächigen Farbverlauf von Blau zu Grün über verschiedene Gelb-Töne zum knalligen Rot, auf dem in bunten Lettern der Slogan geschrieben stand: „Ich sehe bunt." Ob der Grafiker oder die Grafikerin das Plakat wirklich unter Einfluss von LSD oder anderen halluzinogenen Drogen designt hat, ist dem Autor nicht bekannt. Es handelt sich lediglich um eine Mutmaßung.

Falk Fatal hält Kurs

Wiesbaden hat gewählt. Das Ergebnis ist so schlimm wie von vielen befürchtet. Knapp 13 Prozent der Stimmen sind auf die AfD entfallen. Damit sitzen mindestens die nächsten fünf Jahre elf Rassisten, Nationalisten sowie Feinde der Demokratie und der offenen Gesellschaft in der Stadtverordnetenversammlung – oder zumindest elf Männer, die kein Problem damit haben, in einer Partei zu sein, die solches propagiert. Die Ergebnisse der Landtagswahlen in Baden-Württemberg, Rheinland-Pfalz und Sachsen-Anhalt sind nicht minder erschreckend.

Wenn die Frage aufkommt, wie Hitler Reichskanzler werden konnte, ist gerne von der Machtergreifung die Rede. Das klingt brutal und nach einem Akt der Gewalt. Doch es verschleiert, wie Hitler an die Macht gelangte. Denn die NSDAP wurde demokratisch gewählt und Hitler anschließend von Reichspräsident Paul von Hindenburg zum Reichskanzler ernannt. Erst Hitlers Ermächtigungsgesetz beendete gemeinsam mit der Reichstagsbrandverordnung die Weimarer Demokratie und bedeutete den Beginn der Nazi-Barbarei. Die Demokratie wurde durch eine demokratische Wahl abgeschafft.

Blicken wir heute auf damals zurück, sind wir uns sicher, dass unsere Demokratie viel zu stabil ist und die Menschen viel zu intelligent sind, um einem Monster wie Hitler zu folgen. Wir haben aus unserer Geschichte gelernt, heißt es dann. Doch nicht nur der Wahlerfolg der AfD, der Terror der NSU oder die Gewalt rechtsradikaler Schläger und Brandzünder sollten uns zur Vorsicht mahnen. Auch ein Blick über die Landesgrenzen zeigt, an welch seidenem Faden Demokratie und offene Gesellschaft oftmals hängen.

In Ungarn hat die Regierung Viktor Orbáns alle Instanzen der demokratischen Kontrolle geschwächt, abgeschafft oder unter staatliche Kontrolle gebracht. Ähnliches scheint in Polen die kürzlich gewählte rechtskonservative PiS-Partei vorzuhaben. Und von Russland und der Türkei, die vorgeblich Demokratien sind, aber autokratisch regiert werden, ganz zu schweigen.

Was ich damit sagen will: Demokratie und offene Gesellschaft sind keine Selbstverständlichkeit. Es muss immer wieder aufs Neue für sie geworben, für sie begeistert werden. Wir müssen deutlich machen, was alle verlieren, wenn die Feinde der Demokratie und der offenen Gesellschaft die Oberhand gewinnen. Dazu gehört auch, dass um die Verdrossenen und die Nicht- und Protestwähler gekämpft werden muss; dass Parteien und Regierungen ihr Handeln mehr erklären und transparenter agieren und versuchen, den Bürgern auf Augenhöhe zu begegnen.

Das heißt aber auch, Kurs zu halten, wenn der populistische Wind mal stärker bläst. Wer glaubt, man müsse die AfD nur rechts überholen, um den Spuk zu beenden, macht sich zu ihrem Komplizen. Es wird höchste Zeit, den Feinden von Demokratie und offener Gesellschaft entschlossen entgegenzutreten. Wenn nicht jetzt, wann dann?

sensor #42; April 2016

Falk Fatals Binsenweisheiten über die Zeit

Wir leben in einer irren Zeit. Es scheint, als drehe sich die Erde immer schneller. Gestern Brüssel[56], heute Böhmermann[57]. Vorgestern haben wir uns über den Wahlerfolg der Alternative für Doofe aufgeregt, vorvorgestern über die neue Straßenreinigungssatzung[58] und die Erhöhung der Hundesteuer. Und zwischen „Je suis Böhmi" und „Je suis Bruxelles" waren unter anderem noch ein Erdbeben in Japan[59], die Panama Papers[60] und der V-Mann[61], der von nichts wusste, und der den untergetauchten Uwe Mundlos und Beate Zschäpe einen Job gab – was direkt zu der Frage führt: Für was brauchen wir noch diesen Verfassungsschutz? Entweder ist er total unfähig, oder er steckt mit dem NSU irgendwie unter einer Decke. Beides spricht nicht für den Verfassungsschutz.

Doch zurück zur Zeit. Die rast an uns vorbei. Wenn diese Kolumne gedruckt worden ist, wird sich die Aufregungsspirale längst um ein neues Thema drehen. Man kommt kaum noch mit. Wer wirklich versucht, alles aufmerksam zu verfolgen, läuft Gefahr, schwindlig

56 Am 22. März 2016 erschütterte ein islamistischer Terroranschlag die belgische Hauptstadt Brüssel. Am Flughafen Brüssel-Zaventem sprengten sich zwei Terroristen, in der U-Bahn-Station Maalbeek/Maelbeek ein Terrorist in die Luft. Laut Behördenangaben kamen neben den Attentäter 32 Menschen ums Leben, mehr als 300 wurden verletzt.

57 In Folge 43 des Neo Magazine Royale trug Jan Böhmermann ein kurzes satirisches Gedicht über den türkischen Staatspräsidenten Recep Tayyip Erdogan vor, das sich auf ein satirisches Lied der NDR-Sendung extra 3 bezog. In dem extra 3 Lied „Erdowie, Erdowo, Erdogan" wurde die mangelnde Pressefreiheit in der Türkei kritisiert, was eine Einberufung des deutschen Botschafters in der Türkei zur Folge hatte. Böhmermann sagte, er wolle mit dem „Schmähkritik" genannten Gedicht zeigen, wie eine in Deutschland verbotene Schmähkritik aussehen könnte, bevor er das Gedicht vortrug. Das Gedicht sorgte für scharfe Verwerfungen zwischen Deutschland und der Türkei, die Strafanzeige gegen Böhmermann stellte. Das Verfahren wurde im Oktober 2016 eingestellt, da keine strafbaren Handlungen nachzuweisen wären.

58 Eine Neuregelung der Straßenreinigungssatzung sorgte für teils empörte Kommentare in den sozialen Netzwerken und der Gründung der Bürgerinitiative „Gehwegreinigung in Bürgerhand".

59 Im April erschütterte eine Serie von Erdbeben die japanische Insel Kyūshū, die 49 Menschen das Leben kostete und mehr als 3.000 Menschen verletzte.

60 Im April 2016 veröffentlichte ein internationales Journalistenkonsortium die sogenannten Panama Papers. Bei diesen handelte es um eine investigative Enthüllung, die zeigte, wie die panamaische Kanzlei Mossack-Fonseca ihren Klienten bei Steuerhinterziehung, Geldwäsche und anderer Delikte half. Unter den Klienten befanden sich zahlreiche Prominente und Politiker.

61 Recherchen der Tageszeitung „Die Welt" legen nahe, dass der NSU-Terrorist Uwe Mundlos zeitweise für einen V-Mann des Verfassungsschutzes gearbeitet haben soll.

zurückzubleiben. Zumindest wirkt es so dank der Filter-Bubble, die wir uns mit *Facebook*, *Twitter*, *Snapchat* und *WhatsApp* kreiert haben. Ich bin vor einigen Tagen 37 Jahre alt geworden. Ich kenne noch die Zeit, in der nicht jeder Privatfernsehen empfangen konnte und Telefone Wählscheiben hatten. Damals gab es morgens die Zeitung mit den Nachrichten von gestern, abends die Tagesschau und manchmal Radio. Man war noch nicht in Echtzeit dabei, wenn etwas passierte – außer man war wirklich dabei. Es fühlte sich weniger hektisch an – auch wenn ältere Menschen schon damals über zu viel Hektik klagten.

Ich weiß nicht, was besser ist: das Heute oder das Gestern. Ich weiß nur, dass ich das Jetzt lieber mag als das Gestern – so schlimm es jetzt auch sein mag. Denn so toll war es früher auch nicht. Es war nicht besser, es war nur anders. Das Gefühl, dass die Gegenwart hektischer, schneller und schlimmer als die Vergangenheit ist, hatten die Menschen zu jeder Zeit. Man neigt dazu, die schönen Erlebnisse in der eigenen Erinnerung zu überhöhen und die schlechten in etwas Gutes umzudeuten. Dabei waren die guten Dinge einfach nur gut und die Schlechten einfach schlecht. Nicht mehr, aber auch nicht weniger.

So wie es war, wird es nie wieder werden. Die „good old times" werden nicht zurückkommen. Es bringt also nichts, zu versuchen, die Zeit zurückzudrehen. Dann bleibe ich doch lieber im Jetzt und koste die guten Dinge bis zum Geht-nicht-mehr aus. Die schlimmen Dinge werde ich schon durchstehen. Und wenn ich dann irgendwann in meinem Ohrensessel vor dem Kamin sitze, werde ich sie sowieso ausschmücken und in etwas Gutes umdeuten.

sensor #43; Mai 2016

Falk Fatal liebt Fußball-Dramen

Ommes von der SpVgg. bekommt den Ball im Mittelfeld zugesteckt, lässt Jupp aussteigen und zieht aus rund 20 Metern ab. Ein Schuss wie ein Strahl. Die Spieler sowie die knapp hundertfünfzig Zuschauer, die sich um den Platz des SSV versammelt haben, schauen gespannt dem Ball hinterher. Es geht schließlich noch um einiges. Es ist der letzte Spieltag der C-Jugend-Saison 1992/93, und der SSV kann noch Meister werden. Das gab es seit Jahren nicht mehr, dass eine Mannschaft des SSV einen Titel holen kann. Wir liegen punktgleich mit der SpVgg. auf Platz 2. Ein Sieg heute, und wir sind Meister.

Das Spiel wogt hin und her. Tore? Bisher Fehlanzeige. Dann zieht Ommes ab. Viele Gelegenheiten wird es nicht mehr geben. Der Schiri hat schon mehrmals auf seine Uhr geschaut. Ein Treffer würde jetzt das Spiel entscheiden. Der Ball fliegt weiter Richtung Tor. Guiseppe im Tor des SSV streckt sich, so gut er kann. Doch er ist zu klein und pummelig und verpasst den Ball. Aber genau deshalb ist er der perfekte Torwart für uns.

Wir sind dreizehn Jungs, deren fußballerisches Talent man als überschaubar bezeichnen kann. Jupp zum Beispiel, unser Vorstopper. Seine Füße taugen zwar zum Laufen und Stehen, aber nicht zum Fußballspielen. Seine Aufgabe deshalb: den gegnerischen Mittelstürmer so oft wie möglich treten, und wenn er mal einen Ball bekommt, diesen ins Aus zu kicken. Oder Matze. Unser Linksverteidiger. Der ist schon mit 14 Jahren über 1,80 Meter groß und wiegt um die 70 Kilogramm. Sein Schuss ist unglaublich hart. Seine Freistöße von kurz hinter der Mittellinie sind berüchtigt. Ebenso seine Einwürfe, die über das halbe Feld fliegen und damit perfekt für unser System sind. Hinten dicht machen, dann lang nach vorne und auf ein Tor von Michi oder mir hoffen. Warum wir in dieser Saison das Leicester City[62] des Rheingaus sind, weiß niemand. Davor und danach befanden wir uns immer im Mittelfeld der Liga.

---

62 Leicester City ist ein englischer Fußballverein, der in der Saison 2015/2016 für eine der größten Überraschungen in der Geschichte des englischen Fußballs sorgte, indem die Mannschaft sensationell die Premier League gewann und die deutlich (finanz)stärkeren Favoriten wie Manchester City, Liverpool FC oder Chelsea FC hinter sich ließ.

Es dauert quälend lange Sekunden, bis der Ball an die Unterseite der Latte knallt und dann auf der Linie aufschlägt. Nochmal Glück gehabt, denken wir. Doch dann der Pfiff des Schiris. Tor. Auf den nichtvorhandenen Rängen: erst Unverständnis, dann Wut und wüste Beschimpfungen in Richtung des Schiris. Doch der bleibt dabei. Tor. Die SpVgg. führt 1:0. Unsere wütenden Angriffe danach: erfolglos. Dann ertönt der Schlusspfiff. Wir haben verloren. Die Meisterschaft ist futsch. Das Publikum ist stinksauer. Der Schiri flüchtet vom Platz und schließt sich in seiner Kabine ein. Sicher ist sicher.

Wir bekommen davon nichts mehr mit. Wir sitzen mit hängenden Köpfen in der Kabine. Die Tür fliegt auf, und unser Trainer kommt rein, eine Kiste Bier in den Armen. „So Jungs, jetzt lernt ihr, wie Männer Frust bekämpfen", sagt er und reicht jedem von uns ein Bier.

Gewiss: Fußball ist Opium für das Volk. Aber er schreibt auch die schönsten Dramen. Bestimmt auch wieder bei dieser EM[63].

Ich freue mich darauf.

sensor #44; Juni 2016

---

[63] Vom 10. Juni bis zum 10. Juli 2016 fand in Frankreich die Fußball-Europameisterschaft der Herren statt.

Falk Fatal antwortet der AfD Wiesbaden

Die AfD ist eine Partei der schlichten Wahrheiten. Je komplexer das Problem, desto einfacher die „Lösung". Da macht der Wiesbadener Kreisverband der AfD keine Ausnahme. Seit April hätte es angeblich vermehrt Farbbeutelwürfe auf das Vereinsheim des SV Erbenheim[64] gegeben (die Pächterin der Vereinskneipe vermietet ihre Räumlichkeiten regelmäßig an die AfD). Ebenso hätten die Stadtverordneten der AfD Graffiti vor ihren Haustüren gefunden.

Die Schuldigen sind schnell gefunden und per Pressemitteilung vom 24. Mai öffentlich angeprangert[65]: der *sensor* und besonders meine Person, da ich in meiner April-Kolumne vor der AfD gewarnt habe. Als Beleg werden die letzten beiden Sätze meiner Kolumne aufgeführt: „Es wird höchste Zeit, den Feinden von Demokratie und offener Gesellschaft entschlossen entgegenzutreten. Wenn nicht jetzt, wann dann?" Für Robert Lambrou[66], den Pressesprecher der Wiesbadener AfD, ist die Sache klar: „Mit solchen Texten kann man vor allem junge Menschen ohne große Lebenserfahrung […] durchaus ganz konkret auf gewisse Gedanken bringen, was dagegen zu tun sei."

Mal ganz davon abgesehen, dass die AfD hier den Einfluss des *sensor*s und meiner Kolumne maßlos überschätzt. Es ist auch eine böswillige Unterstellung, die zeigt, wie die AfD argumentiert: mit Halbwahrheiten und aus dem Zusammenhang gerissenen Sätzen: Dass meine letzten Sätze sich klar auf den Absatz davor bezogen, unterschlägt der Kreisverband. Dort schrieb ich: „Dazu gehört auch, dass um die Verdrossenen und die Nicht-und Protestwähler gekämpft werden muss; dass Parteien und Regierungen ihr Handeln mehr erklären und transparenter agieren und versuchen, den Bürgern auf Augenhöhe zu begegnen." Daraus einen indirekten oder direkten Aufruf zur Gewalt zu konstruieren, ist schon sehr gewagt.

---

64 Der SV Erbenheim ist ein Wiesbadener Fußballverein, der im gleichnamigen Stadtteil ansässig ist.

65 Die Pressemitteilung der Wiesbadener AfD vom 24. Mai 2016: http://wi.afd-hessen.org/?p=6819

66 Robert Lambrou ist zurzeit Landessprecher der AfD Hessen.

Aber gehen wir einmal davon aus, dass meine Kolumne wirklich diese Wirkung hätte. Dann müsste, logisch weiter gedacht, die AfD sich denselben Vorwurf gefallen lassen. Seit die AfD den Schwenk von der Anti-Euro-Partei hin zur Anti-Flüchtlings- und Anti-Islam-Partei vollzogen hat, ist die Zahl fremdenfeindlicher Straftaten sprunghaft gestiegen. Folgt man der Argumentation Lambrous, haben die rassistischen und anti-islamischen Ausfälle seiner Parteifreunde, Menschen auf „gewisse Gedanken [gebracht], was dagegen zu tun sei". Doch Worte des Bedauerns oder der Verurteilung fremdenfeindlicher Straftaten sucht man auf Seiten der AfD vergebens. Was uns das sagt, darf jeder für sich selbst entscheiden.

Ich bleibe dabei: Die AfD ist eine Gefahr für die parlamentarische Demokratie und die offene Gesellschaft. Wie schnell ein eigentlich demokratischer Staat autoritäre Züge annehmen kann, zeigen Ungarn, Polen oder die Türkei aktuell sehr deutlich. Sollte die AfD jemals Regierungsverantwortung übernehmen, fürchte ich das Schlimmste.

sensor #45; Juli/August 2016

Falk Fatal vermisst das Sommerloch

Ich kann mich noch an Zeiten erinnern, da zeigte die Tagesschau im Sommer Helmut und Hannelore Kohl entspannt in ihrem Feriendomizil am Wolfgangsee. Die Bild-Zeitung berichtete über die irre Forderung eines CSU-Hinterbänklers aus dem Bundestag, der Mallorca zum 17. Bundesland machen wollte. Dieses Jahr hätten sich sicher viele Menschen die gute alte Sommerloch-Zeit zurückgewünscht.

Stattdessen gab es einen Horrorsommer:

Die Briten entschlossen sich mit knapper Mehrheit für den Brexit[67].

Ein Islamist fuhr in Nizza am Nationalfeiertag in eine Menschenmenge[68], weil er glaubte, damit Allah einen Gefallen zu tun.

Einen Tag später wurde in der Türkei ein Militärputsch[69] niedergeschlagen, den Präsident Erdogan seitdem zum Anlass nimmt, all seine Kritiker mundtot zu machen.

Kurz darauf schwang ein bekloppter Islamist in einem Regionalzug nahe Würzburg bewusst die Axt und verletzte vier Menschen schwer[70].

Ein paar Tage später lief ein Bewunderer von Anders Breivik und angeblicher AfD-Anhänger am fünften Jahrestag der Osloer Anschläge in München Amok und tötete neun Menschen mit Migrationshintergrund[71].

Wiederum nur wenige Tage später verübte ein abgelehnter Asylbewerber einen Sprengstoffanschlag in Ansbach, bei dem er glücklicherweise nur sich selbst verletzte.[72]

---

67 Am 23. Juni 2016 fand das Referendum über den britischen Verbleib in der EU statt. Eine knappe Mehrheit stimmte für den Brexit, dem Austritt Großbritanniens aus der EU.

68 Am 14. Juli 2016 fuhr ein islamistischer Terrorist in Nizza auf der Promenade des Anglais mit einem LKW durch eine Menschenmenge. Dabei tötete er 86 Personen; mehr als 400 wurden zum Teil schwer verletzt.

69 In der Nacht vom 15. auf den 16. Juli 2016 versuchten Teile des türkischen Militärs einen Putsch, um Staatspräsident Erdogan und seine Regierung zu stürzen. Der Putsch scheiterte.

70 Ein unbegleiteter und minderjähriger Flüchtling aus Afghanistan verletzte am 18. Juli 2016 in einer Regionalbahn bei Würzburg fünf Menschen mit einer Axt und einem Messer, vier davon schwer. Ein Spezialkommando der Polizei erschoss den Täter daraufhin.

71 Ein 18-jähriger Deutsch-Iraner tötete bei einem rechtsradikal motivierten Anschlag am und im Münchener Olympiazentrum am 22. Juli 2016 neun Menschen, fünf weitere verletzte er. Sieben der Todesopfer waren Muslime, eines war ein Rom und eines ein Sinto.

72 Am 24. Juli 2016 kam es zu einem islamistischen Terroranschlag in der Altstadt der bayrischen Kleinstadt Ansbach. Ein 27-jähriger Asylbewerber aus Syrien sprengte sich vor einem Weinlokal in die Luft. Dabei tötete er sich selbst und verletzte 15 Personen.

Zwei Tage später schnitten zwei Islamisten einem Pfarrer in einer Kirche in Saint-Étienne-du-Rouvray[73] die Kehle durch.

Die Welt ist endgültig aus den Fugen geraten, heißt es seitdem oft. Der Eindruck trügt natürlich. Die Welt dreht sich weiter wie bisher. Nicht nur in Mitteleuropa gab es Horrornachrichten zu vermelden. In Bagdad starben bei einem Bombenanschlag fast 300 Menschen, auf thailändischen Ferieninseln explodierten mehrere Bomben, vom immer erbitterter geführten Krieg in Syrien ganz zu schweigen. Das soll den Wahnsinn vor unserer Haustür nicht relativieren. Es ist verständlich, dass ein Terroranschlag in Bagdad aufgrund der großen Distanz viel abstrakter wirkt und hierzulande viel weniger Angst hervorruft als ein gescheiterter Sprengstoffanschlag in Ansbach.

Ansbach, das ist quasi vor der Haustür. Wenn so etwas schon in der bayerischen Provinz passieren kann, kann das auch in Wiesbaden passieren. Deshalb kann ich die Angst, die sich vor allem in den sozialen Netzwerken immer mehr Bahn bricht, nachvollziehen. Aber wir sollten uns nicht von ihr leiten lassen. Angst ist ein schlechter Ratgeber – vor allem wenn sie in Hysterie umschlägt. Denn wenn wir die gewähren lassen, die aus Angst den gesellschaftlichen Fortschritt der vergangenen 50 Jahre zurücknehmen wollen, dann haben der IS, hat Al Qaida, dann haben all die gewonnen, die gegen Fortschritt, Emanzipation und Moderne sind. So weit dürfen wir es nicht kommen lassen.

sensor #46; September 2016

---

73 Zwei islamistische Terroristen drangen am 26. Juli durch den Hintereingang einer Kirche in der nordfranzösischen Kleinstadt Saint-Étienne-du-Rouvray ein und schlitzten dann dem Priester die Kehle durch. Sie verletzten zudem einen der anwesenden Kirchgänger. Ein Spezialkommando der Polizei erschoss die Attentäter schließlich, als sie die Kirche mit drei Ordensschwestern der Vinzentinerinnen verlassen wollten.

Falk Fatal wünscht sich mehr Empirie

In den sozialen Netzwerken bewege ich mich gerne in lokalen *Facebook*-Gruppen und lese, was meine Mtmenschen bewegt. In jüngster Zeit frage ich mich allerdings immer öfter, ob ich in der selben Stadt wie viele der Kommentatoren lebe? Kaum postet jemand einen Artikel über einen Überfall oder Körperverletzung in Wiesbaden, liest man Sätze wie: „Hier ist es nicht mehr sicher." Oder: „Nach Einbruch der Dunkelheit, traue ich mich nicht mehr auf die Straße." Ich frage mich dann immer: Reden die wirklich über Wiesbaden und nicht über Kapstadt oder Caracas?

Sicher, das persönliche Sicherheitsempfinden muss nicht der reellen Sicherheitslage entsprechen. Besonders wenn man selbst Opfer solch einer Straftat war. Ich bin Anfang der 2000er Jahre an der Ecke Schiersteiner Straße/Adelheidstraße von zwei Deutschen zusammengeschlagen worden.Viel schlimmer als die aufgeplatzte Lippe und das ramponierte Nasenbein war das diffuse Bedrohungsgefühl, das ich die nächsten Wochen vor allem abends und nachts hatte. Das ging glücklicherweise vorbei und seitdem ist mir auch nichts Vergleichbares mehr widerfahren. Deshalb aus eigener Erfahrung: Empathie für die Opfer, Wut auf die Täter, aber bitte keine Hysterie und Panikmache. Denn wer sich einmal mal die Mühe macht und sich mit den aktuellsten Kriminalitätszahlen[74] befasst, stellt schnell fest: Wir leben immer noch im vergleichsweise beschaulichen Wiesbaden und nicht in Kapstadt oder Caracas, nicht einmal in Frankfurt oder Berlin.

Zwar hat 2015 die Zahl der Straftaten insgesamt leicht zugenommen, was vor allem an einer starken Zunahme von Einbruchs- sowie Vermögens- und Fälschungsdelikten liegt. Aber betrachten wir die in diesem Zusammenhang viel interessantere Straßenkriminalität, unter der die für Wiesbaden zuständige Polizei Westhessen Sexual- und Raubdelikte, gefährliche und schwere Körperverletzung, Diebstahl im öffentlichen Raum sowie Sachbeschädigung zusammengefasst hat. Hier gab es 2015 einen signifikanten Rückgang der

---

74 Polizeiliche Kriminalstatistik für das Jahr 2015, Auszug für den Bereich der Landeshauptstadt Wiesbaden.

Straftaten um 464 auf 4.728. Das ist die niedrigste Fallzahl seit 20 Jahren! Auch wenn man die Straßenkriminalität je nach Deliktart betrachtet,sieht man jeweils einen zum Teil signifikanten Rückgang. Das Konzept „Sichere Innenstadt/Kulturpark" der Wiesbadener Polizei scheint Früchte zu tragen.

Wer sich also früher auf die Straße getraut hat, kann das heute erst recht tun. Warum also die Hysterie? Wer sich wirklich für die Sicherheit in dieser Stadt interessiert, sollte auch die Fakten anerkennen und sich nicht von diffusen Gefühlen leiten lassen. Ja: Jede Straftat ist eine zu viel. Aber: Wir leben in einer vergleichsweise sicheren Stadt. Deshalb: Bitte wieder mehr Empirie statt Gefühl im öffentlichen Diskurs. Danke!

sensor #47; Oktober 2016

Falk Fatal hat Brass

Wiesbaden, du alte Hippe! Immer wenn ich denke, du wärst eine coole Socke, zeigst du dich von deiner hässlichen Seite. Dabei warst du doch auf einem guten Weg. Wer im ausklingenden Spätsommer abends am *Sedanplatz*[75] vorbeikam und die Menschen gut gelaunt in und vor den Kneipen sowie auf dem einstmals größten Hundeklo des *Westend*s sah, konnte ein bisschen Großstadtflair einatmen. Doch seitdem vermehrt graue Wolken den Himmel über Wiesbaden bevölkern und die Temperaturen fallen, ist auch das Großstadtflair weitergezogen. Das Nachtleben, dieses zartes Pflänzchen, verkraftet diesen Temperatursturz nur schwer.

Kaum weht der Herbst die Blätter von den Bäumen, muss das Gestüt Renz[76] schließen, weil drei Anwohner den Tumult, den ein Club mit sich bringt, nicht tolerieren wollten. Der Aufschrei in den Tagen danach war groß. Selbst der Oberbürgermeister kommentierte die Entscheidung des Verwaltungsgerichtshofs Kassel auf *Facebook* mit einem fetten Dislike. Allerdings fragt man sich dann, warum die Stadt Wiesbaden vor einigen Jahren dem Gestüt den Betrieb als „Vergnügungsstätte" dann überhaupt untersagt hat.

Doch es ist nicht nur das Gestüt Renz. Viele Clubs und Kneipen kämpfen mit ähnlichen Problemen. Das *Chopan*[77] ist ebenfalls von der Schließung bedroht, weil der neue Vermieter nicht mehr will. Der *Kulturpalast* kämpft seit Jahren mit Anwohnern, die sich daran stören, wenn im Sommer die schmucke Terrasse bespielt wird (wahrscheinlich sind es dieselben Herrschaften, die auch das Gestüt zu Fall gebracht haben). Nicht zu vergessen das *Walhalla*. Statt oft erstklassiger Kunst und Subkultur zum schmalen Taler, soll es dort bald mittelmäßiges Varieté geben. Das alleine wäre schon schlimm genug.

---

75 Der *Sedanplatz* ist eine größere Verkehrsinsel im Wiesbadener *Westend*, die 2016 gastronomisch erschlossen wurde und zuvor lange Zeit als Hundeklo genutzt worden war. Benannt ist die Verkehrsinsel nach der Schlacht bei Sedan, die 1870 einen Wendepunkt im Deutsch-Französischen Krieg markierte.

76 Das Gestüt Renz war ein Club an der Nerostraße. Der Autor sah dort einmal die sehr gute Johnny Cash-Coverband Hank Cash. Heute beherbergen die Räumlichkeiten das *Walhalla* im Exil.

77 Das *Chopan* war ein Nachtclub, in dem sich die Nacht wunderbar zum Tage machen ließ. Der Autor legte hier einige Jahre lang Surf- und Rock'n'Roll-Schallplatten auf.

Wenn es aber wirklich stimmt, dass die Stadt den Verein, der das tolle Programm in den vergangenen fünfzehn Jahren auf die Beine gestellt hat, nicht frühzeitig über die Planungen informiert hat, dann ist das nicht nur schlechter Stil, sondern eine Sauerei. Aber es passt zum Umgang mit lokalen Kulturschaffenden.

Den Wegfall der Kultursäulen[78], auf denen lokale Kulturveranstalter kostenlos werben konnten, bekamen diese rund sechs Wochen vor Auslaufen der Regelung mitgeteilt. Zu diesem Zeitpunkt wusste die Stadt schon mindestens ein halbes Jahr lang, dass die Wall AG[79] diese Vergünstigung zurückziehen will. Oder das *Folklore* Festival. Das wurde erst zum Kulturgut erklärt, dann wurden die Zuschüsse gestrichen, was das Aus besiegelte. Anschließend bewarf man die Veranstalter noch ein bisschen mit Dreck, nur um dann festzustellen, dass Wiesbaden ein Festival wie *Folklore* doch gut zu Gesicht stünde. Mit dem Resultat, das es dieses Jahr kein Festival gab und es wahrscheinlich auch 2017 keines geben wird.

Für die Kneipiers am *Sedanplatz* kann man nur hoffen, dass die jetzigen Anwohner verständnisvoll bleiben und auch unter den künftigen Anwohnern keine Stinkstiefel sind. Denn auf Hilfe der Stadt sollten sie sich nicht verlassen.

sensor #48; November 2016

---

78 Eine Regelung der Stadt Wiesbaden mit dem Vermarkter der städtischen Werbeflächen erlaubte es Kultureinrichtungen, kostenlos auf bestimmten Litfaßsäulen zu plakatieren.

79 Die Wall AG war und ist der Vermarkter der städtischen Werbeflächen.

Falk Fatal wünscht sich was

Kürzlich stand in der Stadtverordnetenversammlung die Bestandsanalyse zum Verkehrsentwicklungsplan Wiesbaden 2030 auf der
Tagesordnung. Das Gutachten kommt erwartungsgemäß zu einem
niederschmetternden Ergebnis. Die beauftragten Darmstädter Pla-
nungsbüros stellten in ihrer Analyse etwa fest, dass entlang der
Hauptrouten durch die Stadt Radwege fehlen. Und die, die es gibt,
entsprächen häufig nicht mehr dem Regelwerk. Im Gegensatz dazu
habe Wiesbaden mit 500 Autos auf 1.000 Einwohner eine sehr hohe
PKW-Dichte. Hessenweit weise die Stadt zudem den höchsten Anteil
an Haushalten mit zwei oder drei PKWs auf.
Verkehrslärm und Stickstoffoxid-Emissionen lägen zum Teil über
gesetzlichen Grenzwerten und seien damit eine Gefahr für die
Gesundheit der Bürger. Die Gutachter kommen zu dem Schluss, dass
durchgreifende Änderungen des bestehenden Verkehrssystems und
des etablierten Mobilitätsverhaltens unerlässlich seien, um die Ziele
zum Schutz der menschlichen Gesundheit, der natürlichen Lebensgrundlagen und der Stabilität des Klimas zu erreichen.

So weit, so schlecht. Weihnachten steht vor der Tür, und an Weihnachten darf man sich was wünschen. Ich wünsche mir, irgendwann in einer Stadt zu leben, in der der motorisierte Verkehr auf das
nötigste Mindestmaß beschränkt ist. Ich wünsche mir eine Stadt,
in der Luft, Klima und Lärm nicht die Gesundheit der Bevölkerung
gefährden, in der eine Stadtbahn und Elektrobusse die Bürger durch
die Stadt kutschieren.

In der Stadt meiner Wünsche boomt das Carsharing mit autonomen
Elektroautos, dank dessen auch Menschen mit körperlichen Einschränkungen mobil sein können. Ich wünsche mir eine Stadt, in der
Fahrradfahrer als gleichberechtigte Verkehrsteilnehmer akzeptiert
werden, die sich sicher auf den Straßen bewegen können und nicht
die Fußgänger belästigen müssen.
Mag sein, dass viele jetzt sagen werden: „Das klappt nie." Aber
wenn die Menschheit immer so gedacht hätte, dann wäre das Rad
nicht erfunden und die Elektrizität nicht nutzbar gemacht worden.
Dann gäbe es heute keine Autos, keine Computer und kein Internet.

Wahrscheinlich würden wir noch immer in Höhlen sitzen und uns am Lagerfeuer wärmen. Denn so utopisch ist der Wunsch gar nicht. Wer Städte wie Kopenhagen betrachtet, sieht, was heute schon geht. Wer dann noch auf die technische Entwicklung blickt, weiß, was bald alles möglich sein wird. Das alles lässt sich nicht von heute auf morgen ändern. Wahrscheinlich auch nicht bis übermorgen. Aber wenn wir nicht irgendwann beginnen, die Verkehrspolitik und unser eigenes Mobilitätsverhalten zu ändern, wird sich nie etwas tun. Letztendlich wünsche ich mir also, dass Magistrat, Stadtverordnetenversammlung und auch die Bürger dieser Stadt die Erkenntnisse der Bestandsanalyse als Arbeitsauftrag annehmen und endlich in die Puschen kommen. Damit der Wunsch irgendwann Wirklichkeit wird.

sensor #50; Dezember 2016/Januar 2017

Falk Fatal wünscht sich
eine bessere Diskussionskultur

2016 war in vielerlei Hinsicht ein schlimmes Jahr, mit dem Terroranschlag in Berlin als traurigem Höhepunkt[80]. Es war aber auch das Jahr, in dem die Grautöne fast vollständig verschwanden, in dem es angeblich nur schwarz oder weiß gab. Fast egal, um welches Thema es ging, sofort bildeten sich zwei Lager heraus, die jeweils für sich die absolute Wahrheit beanspruchten. Sei es die Flüchtlingsfrage, der Krieg in Syrien, der Umgang mit der Terrorgefahr oder der Verkehr in Wiesbaden – moderate Stimmen, die sich um Ausgleich bemühten und den Kompromiss suchten, waren kaum zu vernehmen und wenn, wurden sie meist sofort von einem oder beiden der sich feindlich gegenüberstehenden Lagern niedergebrüllt. Ernsthafte Diskussionen, die sich auf Fakten stützten und nach einer Lösung für die Probleme suchten, waren kaum möglich. Stattdessen wurden sich meist nur Meinungen, die auf unbestimmten Gefühlen beruhen, entgegengeschleudert. Für das friedliche Fortbestehen dieser Gesellschaft ist das bedrohlicher als der Terror des Islamischen Staates.

Wer Schuld an dieser Verrohung hat, ist nicht einfach zu beantworten. Zu viele haben ihren Teil zu dieser Entwicklung beigetragen.

Da wären die Medien zu nennen, die mit ihren immer stärkeren Zuspitzungen ihre eigene Glaubwürdigkeit unterhöhlten. Auch Hetzportale, die gar nicht erst versuchen, die Realität abzubilden, sondern bewusst Propaganda für die eigene Agenda machen, dürfen in dieser Aufzählung nicht fehlen. Genauso wenig wie die braunen Hetzer, die mit ihrer Mausrutscherei bewusst das gesellschaftliche Klima zu vergiften versuchen. Da wären aber auch die Leser zu nennen, denen entweder die Medienkompetenz oder die Lust fehlt, Fake news von richtigen Nachrichten zu unterscheiden. Und natürlich die Politik, die es in den vergangenen Jahren versäumt hat, den gesellschaftlichen und wirtschaftlichen Wandel zu moderieren.

---

80 Bei dem Anschlag auf den Berliner Weihnachtsmarkt an der Gedächtniskirche steuerte ein islamistischer Terrorist am 19. Dezember 2016 einen Sattelzug in eine Menschenmenge. Insgesamt starben 13 Menschen, mindestens 67 weitere Weihnachtsmarktbesucher wurden zum Teil schwer verletzt.

Aus diesem Dilemma wieder herauszukommen, wird nicht einfach. Letztendlich liegt es an jedem Einzelnen. Wer diskutieren will, sollte auch wissen, dass es andere Standpunkte als den eigenen gibt und nicht jeder, der eine andere Meinung hat, sofort ein Rassist oder Volksverräter ist. Wer diskutieren will, sollte auch wissen, dass der Ton die Musik macht. Wenn ich versuche, die andere Seite niederzubrüllen, darf ich mich nicht wundern, wenn das Gegenargument in derselben Lautstärke zurückkommt.

In Wiesbaden gibt es dieses Jahr einige Themen, über die sehr emotional diskutiert werden wird, wie zum Beispiel die Zukunft des *Walhalla*s oder die Stadtbahn[81]. Das wären doch gute Anlässe, wieder gepflegter miteinander zu diskutieren. Wenn ich mir aber anschaue, auf welch niedrigem Niveau, das zum Teil weit unter der Gürtellinie lag, kürzlich in den sozialen Netzwerken über die Stadtbahn gestritten wurde, habe ich wenig Hoffnung, dass es 2017 besser wird.

sensor #51; Februar 2017

---

81 Bis 1955 gab es in Wiesbaden eine Straßenbahn. Der öffentliche Personennahverkehr wird seitdem mit Bussen bestritten. Ende der 1990er-Jahre gab es erstmals wieder konkrete Pläne, in Wiesbaden ein Straßenbahnnetz aufzubauen. Nach der Kommunalwahl 2001 wurde das Projekt jedoch mit Stimmen der CDU, der FDP und den Republikanern wieder eingestampft, obwohl ein Großteil der Kosten vom Bund und dem Land Hessen übernommen worden wären. Im Jahr 2005 wurde erstmals festgestellt, dass in Wiesbaden die zulässige Feinstaubkonzentration überschritten wird. In den Folgejahren gab es immer mal wieder Überlegungen für den Bau einer Stadtbahn. Diese wurden ab 2016 unter dem neuen Namen *CityBahn* konkreter. Bis auf die FDP wurde das Projekt von allen Parteien in der Stadtverordnetenversammlung und im Hessischen Landtag unterstützt.

Falk Fatal schätzt den Kompromiss

Der menschliche Körper ist manchmal ein marodes Miststück. Zumindest in meinem Fall war er das. Gebeutelt von einer fiesen Erkältung, lag ich eine Woche lang flach. Leider genau in der Woche, in welcher der *Visionäre Frühschoppen*[82] stattfand, bei dem das alternative Konzept für das *Walhalla* vorgestellt und diskutiert wurde. Das hat mich sehr geärgert, denn ich wäre gerne vor Ort gewesen.

Zum einen natürlich, weil mich interessiert, wie es mit dem *Walhalla* weitergeht. Das ist auch keine unbedeutende Frage, schließlich geht es um die Zukunft eines einzigartigen städtischen Raums. Soll dieser künftig von einem Varieté-Unternehmen genutzt werden, das ein relativ starres Programm hat, oder von mehreren Kulturunternehmern, die zwar mehr Vielfalt bieten, aber für die Stadt ein größeres Risiko bedeuten, weil mehr Parteien am Tisch sitzen. Keine einfache Entscheidung. Für beide Vorschläge gibt es – je nach Standpunkt – gute Argumente.

Es hat mich aber auch geärgert, weil der *Visionäre Frühschoppen* ein Format ist, bei dem Menschen noch richtig zusammenkommen und diskutieren. Sie tauschen – manchmal auch hitzig – Argumente aus, ohne es nötig zu haben, dem Gegenüber verbal eins in die Fresse zu hauen. Das ist erfrischend, denn angesichts der Art und Weise, wie in manchen *Facebook*-Gruppen die Meinung der anderen niedergemacht wird, scheint es, als hätten viele Menschen vergessen, wie man diskutiert.

Wenn man aber keine andere Meinung mehr zulässt als die eigene, gibt es keinen Kompromiss. Und ohne Kompromiss geht die Gesellschaft vor die Hunde. Bei einem Kompromiss sind zwar alle Beteiligten unzufrieden, da sie Abstriche machen mussten. Aber da alle Abstriche machen mussten, tragen alle den Kompromiss mit. Natürlich gibt es Meinungen, die keinen Kompromiss dulden, und zwar dann, wenn die Würde oder die Gesundheit von Menschen verletzt oder bedroht wird. Aber ansonsten sind Kompromisse unverzichtbar für das Funktionieren einer Gesellschaft.

---

82 Der *Visionäre Frühschoppen* ist ein gemeinsames Talkformat des *sensor*s und des *Walhalla*s im Exil.

Was mit einer Gesellschaft passiert, in der Kompromisse immer schwerer auszuhandeln sind, lässt sich gut an den USA beobachten. Nicht erst seit Trump, sondern schon seit Jahren, stehen sich dort zwei Lager immer unversöhnlicher gegenüber, denen es vor allem darum geht, die Gegenseite zu besiegen und nicht darum, einen Kompromiss zum Wohle aller auszuhandeln.

Deshalb sind Veranstaltungen wie der *Visionäre Frühschoppen* so wichtig, bei denen man zusammenkommt, diskutiert, auch mal streitet, aber immer in einem fairen Rahmen.

Mag sein, dass die städtischen Gremien der GOP Entertainment Group den Zuschlag erteilen werden und das von mir favorisierte Alternativkonzept abgelehnt wird. Ich werde bestimmt darüber schimpfen und mich aufregen. Aber ich werde die Befürworter des GOP-Konzepts deshalb sicher nicht als meine Feinde betrachten.

sensor #52; März 2017

Falk Fatal deckt auf

Diese Kolumne ist dem unbekannten Leser gewidmet, der immer noch glaubt, die Presse allgemein und der *sensor* im Speziellen würden nicht frei berichten, sondern nur schreiben, was die Regierung befiehlt. Als Beleg dazu dient ihm auch diese Kolumne. Früher sei der Kolumnist bissig gewesen, heute würde er nur noch angepasst schreiben.

Tja, was soll ich sagen? Es ist alles wahr. Man ist uns auf die Schliche gekommen. Wir schreiben nur, was man uns vorgibt. Jeden Morgen klingelt um 8 Uhr bei allen 72.500 deutschen Journalisten (und zeitversetzt bei den Auslandskorrespondenten deutscher Medien) das Telefon. Im Display leuchtet eine Berliner Vorwahl auf. Ich weiß dann schon, wer am anderen Ende der Leitung sein wird: Regierungssprecher Steffen Seibert oder jemand aus seinem Mitarbeiterstab, um mir mitzuteilen, was ich heute schreiben soll.

Diese Gespräche sind kurz und knapp, aber dennoch auf das jeweilige Fachgebiet der Journalisten abgestimmt. Der Kollege vom Inlandsressort muss etwas Positives über Bundeskanzlerin Angela Merkel schreiben, die Kollegin des Auslandsressorts muss Putin und Erdogan ordentlich in die Pfanne hauen. Und selbst die Kollegen vom Sport werden angehalten, Fußballspieler wie Mesut Özil oder Mario Götze auch nach schlechten Spielen nicht allzu hart anzufassen. Nachdem wir unsere Instruktionen bekommen haben, geht es an die Arbeit. Wir interviewen die Personen, die uns das Bundespresseamt genannt hat. Wir schreiben, drehen oder sprechen unsere Beiträge ein. Dann kontrolliert der Zensor, ob der Beitrag die gewünschten Inhalte vermittelt. Tut er das nicht, muss der Bericht umgeschrieben oder umgeschnitten werden – so lange, bis der Zensor zufrieden ist.

Das klingt jetzt mühsamer, als es wirklich ist. Aber was macht man nicht alles, um seinen Job zu behalten. Leider leben wir nicht in einem Land wie der Türkei oder Russland, in dem die Presse frei ist. Wo Journalisten kritisch über die Machenschaften der Regierung berichten können, ohne Angst haben zu müssen, sofort in den Knast zu wandern oder Opfer eines Giftanschlags zu werden. Deshalb machen wir mit. Niemand verliert gerne sein Leben. Natürlich gibt es Kollegen, die sich von denen da oben nicht einschüchtern lassen, die beharrlich ihre Meinung schreiben und nach der Wahrheit suchen. Wie Udo Ulfkotte[83] zum Beispiel. Aber zu was für einem Preis! Offiziell starb Ulfkotte an einem Herzinfarkt. Aber es ist ein offenes Geheimnis, dass der Geheimdienst ihn mit einer Herzinfarkt-Pistole ermorden ließ. Diese modifizierte Pistole verschießt Pfeile mit gefrorenem Gift, das Herzinfarkte auslöst und nicht nachweisbar ist.

So, ich muss jetzt Schluss machen. Mein Telefon klingelt. Steffen Seibert[84] will mich sprechen.

sensor #53; April 2017

---

83 Udo Ulfkotte war ein deutscher Verschwörungsprediger, der vor allem mit antiislamischen und rechtspopulistischen Thesen und Publikationen auffiel. Er starb im Januar 2017 infolge eines Herzinfarktes. Seine Fans bezweifeln diese Todesursache und vermuten, dass die CIA ihren Guru mit einer „Herzinfarktpistole" ermordet habe. Diese soll winzige Projektile verschießen können, die mit einem Gift versehen sind, das einen Herzinfarkt auslöst. Das Projektil soll im Körper zerfallen und somit bei der Autopsie nicht mehr nachzuweisen sein
84 Steffen Seibert ist ein ehemaliger Journalist, bekannt als ZDF Nachrichtensprecher. Er war von August 2010 bis Dezember 2021 Regierungssprecher der deutschen Bundesregierung und ist seit 2022 Botschafter Deutschlands in Israel.

Falk Fatal zwischen urbanem Trott und Provinz-Marotten

Wer diese Kolumne regelmäßig liest, weiß, dass ich eigentlich ein Trottel vom Land bin, der irgendwann nach Wiesbaden gezogen ist. Das ist fast achtzehn Jahre her. Nicht mehr lange, und ich habe die eine Hälfte meines Lebens in Wiesbaden verbracht und die andere Hälfte dort, wo sich Fuchs und Hase gute Nacht sagen. Man kann also sagen, ich kenne die Unterschiede zwischen Stadt und Land.

Der offensichtlichste Unterschied: In Wiesbaden würde niemand auf die Idee kommen, mich einen Zugezogenen zu nennen. Die ersten Monate war ich vielleicht noch ein Neu- Wiesbadener, doch mit jedem Monat länger in der Stadt verschwand das „Neu" immer mehr. In dem Dorf, in dem ich aufwuchs, wäre das undenkbar. Da wäre ich auch nach zwanzig Jahren noch ein Zugezogener. Ich erinnere mich noch gut an einen alten Schulfreund, mit dem ich erst den Kindergarten und dann die Grundschule besuchte. Kurz nach seiner Geburt waren seine Eltern in das Dorf gezogen. Dort leben sie immer noch – seit 38 Jahren! Doch für die „Eingeborenen" sind sie immer noch die Zugezogenen. Erst nach fünfzig Jahren dauerhaftem Wohnsitz wird man sie als „Einheimische auf Probe" anerkennen. Zu Einheimischen auf Lebenszeit werden sie nach 75 Jahren ernannt. Außer man ist dort aufgewachsen. Dann kann man wie ich fortziehen und trotzdem „Einheimischer ehrenhalber" bleiben.

Dafür musste ich erst all diese urbanen Skills lernen, die man zum Überleben im Großstadtdschungel braucht, als ich nach dem Abitur in die große Stadt zog. Und mir gleichzeitig so manche Provinz-Marotte, die ich mir in meiner Kindheit und Jugend angeeignet hatte, wieder abtrainieren. Das Grüßen war zum Beispiel solch eine Marotte. Meine Mutter brachte mir bei, Menschen auf der Straße zu grüßen – ganz gleich, ob ich sie kenne oder mag. Also grüßte ich jeden, der an mir vorbeilief. Selbst wenn sich die Person auf der anderen Straßenseite befand.

Kaum in der Stadt angekommen, machte ich so weiter. Doch statt eines freundlichen „Grüß Gott" erntete ich böse Blicke aus Augen, die sagten: „Warum grüßt mich dieses dürre Arschloch und lächelt dabei so dumm? Will mich der provozieren? Wenn der noch einmal sein scheiß Maul aufreißt, sprühe ich ihm eine Ladung Pfefferspray in seine dreckige Visage." Zum Glück habe ich mich schnell angepasst. Von Schlimmerem bin ich verschont geblieben.

Treffe ich dieselbe Person allerdings ein paar Stunden später im Wald oder im *Rabengrund*, ist von der Aversion nichts mehr zu spüren. Stattdessen wird freundlich „Guten Tag" gesagt. Warum das so ist? Keine Ahnung. Vielleicht saugt der Beton der Großstadt uns Menschen die Freundlichkeit aus den Knochen. Vielleicht ist es auch einfach die Masse an Leuten, denen man unterwegs begegnet, die einen verstummen lässt. Nur meiner Hündin ist das alles egal. Die grüßt jeden – egal, ob in der Stadt oder auf dem Land.

sensor #54; Mai 2017

Falk Fatal mag Fanatiker

Ich möchte heute eine Lanze für Fanatiker brechen. Natürlich nicht für die Arschlöcher, die Ungläubigen die Rübe abhacken und auch nicht für die Idioten, die Flüchtlingsunterkünfte anzünden, weil sie glauben, so ihr Vaterland zu retten. Nein, die meine ich nicht. Ich meine die netten Fanatiker von nebenan, die keiner Fliege etwas zuleide tun wollen und unser Leben bereichern. Die meine ich.

Ich habe einen Freund. Der ist Fanatiker. Er selbst würde das gewiss abstreiten und sich normal nennen. Doch er ist nicht normal. Die Indizien sprechen dagegen. Normale Männer verzichten darauf, den Rasen zu mähen, das Auto zu putzen oder gepflegt den Grill anzuwerfen, wenn es regnet, stürmt oder schneit. Und was macht mein Freund? Der steigt in einen Reisebus gemeinsam mit stinken-den, grölenden, besoffenen Männern und fährt mit denen stunden-lang nach Aue. Und da steht er dann, während es hagelt, stürmt und schneit, und schaut sich eine weitere Auswärtsniederlage seiner Mannschaft an. Wenn er dann wieder zuhause ist, ist er eine Woche lang schlecht gelaunt. Aber nicht, weil er im Regen stand und Hagel-körner so groß wie Ritter Sport Minis seinen Kopf zerbeult haben, sondern weil sein Klub verloren hat. Das verstehe, wer will, aber nor-mal ist das nicht.

Anderer Freund, anderes Beispiel. Dieses Mal geht es um Musik und Erstpressungen. Mittlerweile dürften Schallplatten im Wert eines Kleinwagens in seinem Plattenregal schlummern. Und wenn man ihn fragt, warum er sich nicht auch mit deutlich preiswerteren Nach-pressungen zufrieden gibt und mit dem gesparten Geld auf Welt-reise geht, ernte ich zunächst ein Schulterzucken und dann die Ant-wort: „Weil es keine Erstpressungen sind." Verstehen muss man das nicht, aber normal ist anders.

Nicht zu vergessen ein alter Bekannter von mir. Er ist ein ruhiger Kerl. Kein Mann großer Worte. Doch einmal im Jahr ist es um ihn geschehen. Dann tickt er aus und ist nicht mehr wiederzuerkennen. Immer im Sommer, kurz bevor eine neue Bundesligasaison beginnt, verwandelt er sich vom Typ Verwaltungsfachangestellten in einen fanatischen Fußballsammelbildchensammler, der vor nichts zurückschreckt, um an sein Ziel zu gelangen. Einmal habe ich ihn erlebt, wie er in einem Kiosk alle Sammelpackungen aufgekauft hat, weil er wusste, die beiden kleinen Jungs, die hinter ihm in der Schlange standen, wollten auch Fußballbildchen kaufen. Bloß der Konkurrenz nichts gönnen, sei seine Devise, raunte er mir später zu.

Viele Menschen werden verständnislos den Kopf schütteln. Mir jedoch ist solch ein Verhalten sympathisch. Zaubern einem diese Fanatiker nicht ein Lächeln ins Gesicht? Die Frage ist natürlich rein rhetorischer Natur. Und die Antwort lautet immer: „Ja."

Ich mag meine Fanatiker. Ich möchte sie nicht missen. Ich suche übrigens immer noch die Sammelbilder Nummer 164 und 349. Wer helfen kann, bitte melden.

sensor #55; Juni 2017

Falk Fatal im Kriechgang

Alter, was ist los mit dir? Ich dachte, wir hätten einen Deal. Du lässt mich in Ruhe, und ich beklage mich nicht über dich. So sind wir viele Jahre gut ausgekommen. Ich konnte mein Leben auf der Überholspur führen, und du schicktest mich nur alle paar Jahre in den Straßengraben. Das war fair. Das war ein Deal. Doch du hast ihn nun aufgebrochen. Du hast unseren Deal zunichtegemacht.

Es ging langsam los. Mit der Arthrose im Fußzeh. Das ist zwar unangenehm, aber im Großen und Ganzen noch okay. So ein Fußzeh ist nicht schlimm. Der ist zur Not verzichtbar. Man kann auch ohne ihn mit beiden Beinen im Leben stehen. Eventuell muss man etwas das Gewicht verlagern. Aber so what.

Doch neulich dieser Hexenschuss. Das war zu viel! Das war überhaupt nicht nett. Da hast du mich derbe auf die Bretter geschickt und gekonnt die Situation ausgenutzt. Denn ich war alleine zuhause. Niemand da, der mir helfen konnte. Die nächsten Stunden verbrachte ich wimmernd im Kriechgang. Die Ibuprofen-Tabletten, die mein Leid hätten lindern können, lagen nämlich im obersten Fach des Wandschranks. Gar nicht so einfach, die zu erreichen, und vor allem sehr schmerzhaft, wenn man sich nicht aufrichten kann. Du hast dich wahrscheinlich köstlich amüsiert, wie ich vor Schmerz gebeugt auf der Trittleiter balancierte und versuchte, mit dem Staubsaugerrohr die Tablettenpackung aus dem Fach zu wischen. Vielen Dank für diese unbeschreibliche Erfahrung.

Aber ich bin ja selbst schuld. War ich früher ein Fitness-Freak, der zwei bis dreimal die Woche in der Muckibude den Musculus latissimus dorsi und den Musculus rectus abdominis trainierte, habe ich mich zum Fitness-Faultier entwickelt. „Binding und Buletten statt Crunches und Chia-Samen" war mein Motto.

Alter, deshalb nehme ich dir den Hexenschuss auch nicht wirklich übel. Vermutlich wolltest du mich gar nicht quälen, sondern in einer konzentrierten Aktion aller Körperteile und Organe einen Warnschuss abfeuern. Und du hast Erfolg gehabt. Ich bin jetzt ein Hexenschuss-Hater. So was will ich nicht mehr spüren.

Ich habe mich auch gleich bei Daniel Aminatis'[85] *Bosstransformation*[86] angemeldet (Weil mir sein Werbespruch: „Es gibt Wichtigeres, als gut auszusehen. Aber es gibt nichts Wichtigeres, als sich gut zu fühlen", deutlich besser gefällt als Detlef D. Soosts[87]„I make you sexy"). Auch meinen Lebenswandel habe ich gründlich auf den Prüfstand gestellt. Vorbei die Zeiten, in denen ich mich wie ein Bauarbeiter ernährte. Der Rollbraten-Rowdy wird zum Quinoa-Connaisseur, der Hedonismus-Heini gibt jetzt den Dinkel-Dandy! Und meine Zigaretten, die rauche ich jetzt nur noch ohne Zusatzstoffe! Ich habe gehört, das sei gesund.

In diesem Sinne: Lasst euch den Sommer schmecken!

sensor #56; Juli/August 2017

---

85 Daniel Aminati ist ein B-Prominenz-Moderator und ehemaliger Boygroup-Sänger, der dich mit einem eigenen Online-Fitness-Programm krass machen wollte.

86 *Bosstransformation* ist der Name des Online-Fitness-Programms des Rappers Kollegah.

87 Der Tänzer und Choreograph Detlef D. Soost hat natürlich auch ein Online-Fitnessprogramm, dieses macht dich jedoch sexy statt krass oder zum Boss.

Falk Fatal lügt

Wiesbaden-*Westend*. Früher Abend. Bin mit meiner Hündin *Bailey* unterwegs. Wir kommen an einer Kneipe vorbei. Davor steht ein junger Mann. Ich schätze ihn auf Mitte dreißig. Die braunen Haare sind lässig zum Pferdezopf gebunden. Am Körper eine Motorradjacke. Obwohl wir mit einigen Armlängen Abstand an ihm vorbeigehen, kann ich seine Fahne riechen. Er telefoniert. Mit wem, weiß ich nicht. Als wir auf gleicher Höhe sind, sagt er: „Nein, nein. Ich bin noch zuhause." Er wird schon wissen, warum er das gesagt hat. Vielleicht weil der nervige Daniel bei einem Bier oder zwei über seine Ehefrau herziehen und jammern will, wie schlimm sie doch sei. Vielleicht spricht er aber auch mit Andreas. Der ist eigentlich ganz nett, aber in letzter Zeit faselt er nur noch über die Hohlerde als letzte Zuflucht vor der zerstörerischen Kraft der Chemtrails. Das nervt. Vielleicht telefoniert er auch mit jemand ganz anderem, aber der Schluss liegt nahe, dass dieses Etablissement nicht sein Zuhause ist und er sich mit einer Notlüge Zeit kaufen will.

Angeblich lügen wir bis zu 200 Mal am Tag. Mir kommt diese Zahl ziemlich hoch vor, gibt es doch Tage, da sage ich weniger als 200 Wörter. Aber auch falls wir nicht so viel lügen sollten, ist das trotzdem viel. Aber: Wenn man die ganzen Unehrlichkeiten hinzunimmt, wie das „Ja" auf die Frage nach dem Wohlbefinden, obwohl man doch eigentlich antworten will: „Meine Frau war heute so ehrlich, mir mitzuteilen, dass sie seit sieben Monaten mit meinem Chef schläft und sie ihn bitten würde, mich zu entlassen, wenn ich ihr deswegen jetzt eine Szene machen würde. Was glaubst du also, wie es mir geht?", – dann scheint die Zahl der täglichen Lügen vielleicht doch ganz realistisch.

Andererseits ist schonungslose Ehrlichkeit oft wenig förderlich für das Zusammenleben. Oder anders ausgedrückt: Kleine Lügen erhalten die Freundschaft. Denn niemand hört gerne, dass die neue Frisur aussieht wie eine nasse Wiese, nachdem sie von einer Horde Wildschweine umgepflügt wurde. Und man macht sich vermutlich wenig beliebt beim Gastgeber, wenn man bei seinem als Party getarnten Stuhlkreis auftaucht und zur Begrüßung sagt: „Nasse Tapeten gehen besser ab als ihr!"

Politikern sagt man ja nach, dass Lügen für sie zum Geschäft gehört. Das trifft bestimmt auf einige zu. Das sind dann die, die sagen: „Niemand hat die Absicht, eine Mauer zu bauen", oder: „Ich trage alles zur Aufklärung des Skandals bei." Aber es gibt sicher auch Politiker, die ehrlich sind. Und manchmal tut man ihnen auch unrecht, wenn man glaubt, sie hätten ihr Wort gebrochen. Denn oft steht die Wahrheit gut versteckt im Wahl- oder Parteiprogramm. Aber wenn man nicht nachsieht, kann man das nicht wissen. Also glaubt nicht alles, was man euch sagt. Schaut ruhig mal nach, was Parteien und Kandidaten noch so wollen, abseits der Wahlplakate, Werbespots und Social-Media-Memes, bevor ihr am 24. September wählen geht.

sensor #57; September 2017

Falk Fatal steht auf Details

Ich liebe Details. Sehr sogar. Dafür ernte ich von meinen Kumpels oft ein Stirnrunzeln. Besonders dann, wenn wir abends an der Theke unseres Vertrauens sitzen und ich nach dem vierten Äppler als Erwiderung auf den Zuruf: „Falk, du bist blau!", antworte: „Ja, aber nur pastellblau." Ich mag es halt gerne genau.

Details geben einer Geschichte – egal, ob Tatsachenbericht oder der Fantasie entsprungen – die nötige Würze. Ich kann die Geschichte ohne Details weitererzählen. Dann geht sie so: Nach dem vierten Äppler wurde mir schlecht und ich ging nach Hause.

Oder ich erzähle sie mit Details. Dann könnte sie so lauten: Nach dem vierten Äppler traten erst einige feuerrote Flecken auf, die sich dann langsam über die restlichen Gesichtspartien ausbreiteten, bis irgendwann mein Gesicht aussah wie eine Tomate kurz vorm Platzen. Nach dem fünften Äppler wich das Feuerrot einem leuchtgrünen Teint, der sich schnell in ein pastelltürkis verwandelte. Als ich anschließend von der Toilette wiederkam, hatte mein Gesicht den Farbton ungebleichten Recyclingpapiers. Danach schlappte ich mit hängendem Kopf nach Hause.

Das ist zwar ein bisschen eklig, kommt der Wahrheit aber sehr nahe. Will heißen: Details helfen, die Realität besser zu verstehen. Deshalb finde ich es immer etwas befremdlich, wenn Untergangspropheten von der *Islamisierung des Abendlandes* schwadronieren und als Beweis dafür gerne anführen, dass in Kantinen weniger oder gar kein Schweinefleisch mehr verkauft wird. Als gäbe es nicht genügend andere Gründe, wofür man den Islam, aber auch andere Religionen, kritisieren könnte.

Ja, es stimmt, Moslems essen aus religiösen Gründen kein Schweinefleisch. Aber es sind halt nicht nur Moslems, die kein Schweinefleisch essen. Juden verzichten ebenfalls darauf, genauso wie Vegetarier und Veganer. Aber auch viele Menschen, die gerne in ein saftiges Porterhouse-Steak beißen, genussvoll einen Coq au Vin genießen oder mit Wonne einen Rehrücken verzehren, machen aus gesundheitlichen Gründen einen Bogen um Schweinefleisch. Übrigens aß auch Hitler kein Schweinefleisch. Und der steht nun wirklich nicht in Verdacht, ein Gutmensch gewesen zu sein.

Die schlichte Wahrheit ist: Ernährungsgewohnheiten ändern sich. In deutschen Küchen wird nicht mehr nur mit *Maggi* gekocht, gibt es nicht nur *Toast Hawaii*, sondern auch *Falafel, rotes Thai-Curry* oder den *Hamburger deluxe mit doppelt Käse*. Ein Verzicht auf Schweinefleisch ist also kein Anzeichen dafür, dass die Islamisten Wien belagern, sondern: Für viele Großküchen ist es einfach praktischer, kein Schweinefleisch anzubieten, wenn eine große Minderheit der Kundschaft kein Schweinefleisch isst. Aber das erfährt man nur, wenn man auf die Details achtet. Deshalb stehe ich so darauf. Denn Details geben einer Geschichte die nötige Würze.

sensor #58; Oktober 2017

Falk Fatal kämpft mit dem Brett vorm Kopp

Der Mensch ist ein seltsames Tier. Wir sind hochentwickelt und so intelligent, dass wir uns die Erde untertan machen konnten. Wir haben das Rad erfunden, sind zum Mond geflogen und können riesige Datenmengen per Funkwellen in Windeseile um den Erdball schicken. Andererseits sind wir unglaublich dumm und laufen mit einem dicken Brett vor dem Kopf durch die Welt. Wir, oder die meisten von uns, wissen zwar, dass unser Lebensstil unsere Lebensgrundlagen täglich ein Stück mehr zerstört. Aber wirklich etwas ändern tun wir nicht. Das ist im Großen genauso zu beobachten wie im Kleinen.

Obwohl ich weiß, dass die Zigarette, die ich mir eben angezündet habe, die Wahrscheinlichkeit, dass ich an Krebs erkranke, wieder ein bisschen erhöht, ziehe ich den giftigen Rauch trotzdem in die Lungen. Warum ich das mache? Weil ich dumm bin. Und hoffe, dass es irgendwie gutgehen wird.

Oder nehmen wir das Thema Sicherheit. Das wird heiß diskutiert. Oft voller Emotion, die häufig den rationalen Blick verstellt. Kaum wird ein schlimmes Verbrechen publik, etwa ein Überfall, eine Messerstecherei oder eine Vergewaltigung, werden sie wieder laut, die Rufe nach härteren Strafen. Dann wird über die Kuscheljustiz geschimpft und eine Lockerung des Waffenrechts gefordert. Im Affekt ist das vielleicht verständlich, rational betrachtet verschlimmert es die Situation nur. Da braucht es nur einen Blick auf die USA, wo in vielen Bundesstaaten die Todesstrafe noch praktiziert wird und es gleichzeitig fast jedem Bürger erlaubt ist, Schusswaffen zu besitzen. Trotzdem (oder genau deshalb) ist die Mordrate in den USA deutlich höher als in Deutschland. Dennoch hält sich der Irrglaube, drastische Strafen würden zu mehr Sicherheit führen.

Ich wundere mich immer, warum werden solche Forderungen nicht laut, wenn ein Vollidiot den Kaiser-Friedrich-Ring als Rennstrecke missbraucht und dabei jemanden totfährt? Warum werden solche Forderungen nicht gestellt, wenn ein Unfall verursacht wurde, weil ein Autofahrer mehr mit seinem Handy als dem Straßenverkehr beschäftigt war? Jährlich sterben deutlich mehr Menschen im

Straßenverkehr als durch Gewalttaten. Nicht anders verhält es sich mit der Zahl der verletzten oder schwer verletzten Personen. 90 Prozent aller Verkehrsunfälle sind menschengemacht.

Wer also wirklich mehr Sicherheit will, sollte nicht die Todesstrafe fordern, sondern Tempo 30 in Innenstädten und mehr Blitzer, um Verkehrssünder zu bestrafen. Wem das Wohl seiner Mitmenschen wichtig ist, sollte nicht die Lockerung des Waffenrechts befürworten, sondern ein durchgängiges Tempolimit auf deutschen Autobahnen. Aber dafür müssten wir uns weniger von unseren Gefühlen und mehr von unserem Verstand leiten lassen.

Das wird leider nicht passieren.

sensor #59; November 2017

Falk Fatal fährt *CityBahn*

Neulich bin ich mal wieder eine längere Strecke mit dem Bus durch die Stadt gefahren. Am Dürerplatz stieg ich in die Linie 1 ein und fuhr bis zur Röderstraße. Laut Fahrplan braucht der Bus dafür 21 Minuten. An jenem Mittwoch zur Mittagszeit war der Bus fast doppelt so lange unterwegs. Dem Busfahrer kann man keinen Vorwurf machen. Er blieb an den Haltestellen nicht länger als nötig stehen und hatte auch sonst sein Gefährt gut im Griff. Baustellen gab es auf der Strecke ebenfalls keine – außer der Fahrbahnverengung an der Ecke Wilhelmstraße / Burgstraße. Der Grund für die lange Fahrt: Die Straßen waren einfach dicht. PKW reihte sich an PKW reihte sich an PKW. Die Blechkolonne schleppte sich im Schritttempo durch die Stadt. Gewiss, diese Fahrt mag nicht repräsentativ gewesen sein. Doch auf anderen Strecken habe ich ähnliche Erfahrungen gemacht. Und es ist ja auch kein Geheimnis, dass die PKW-Dichte in Wiesbaden sehr hoch ist.

Während ich so im Bus saß, fiel mir meine letztjährige Dezember-Kolumne wieder ein. Darin wünschte ich mir eine andere Verkehrspolitik. Ein Jahr später scheint diese möglich zu sein. Die Stadt plant den Bau einer Straßenbahn, die von der Theodor-Heuss-Brücke bis zur *Hochschule Rhein-Main* führt, sowie den Umstieg auf Elektrobusse im öffentlichen Nahverkehr. Beides soll helfen, Verkehrsdichte und Schadstoff-Emissionen zu reduzieren.

Es ist klar, dass ein Riesenprojekt, wie der Bau einer Straßenbahn, keine Begeisterungsstürme auslöst wie Mario Götzes goldener Schuss im Maracana. Ach, was schreibe ich hier Begeisterung. In manchen Bevölkerungsteilen ist die *CityBahn*, wie die Straßenbahn im offiziellen Sprech genannt wird, so beliebt wie Angela Merkel beim AfD-Stammtisch.

Vermutlich haben die Kritiker sogar Recht, Bau und Umrüsten werden teurer als veranschlagt. Vielleicht sinken Verkehrsdichte und Umrüsten weniger als erhofft. Aber was sollen die Alternativen sein? Mehr Busse? Schwer vorstellbar. Das Busnetz scheint schon jetzt an seine Kapazitätsgrenze zu stoßen. Weitere Ideen? So wirklich habe ich keine vernommen. Nur manchmal den Hinweis, die Zukunft, mit all ihren Versprechungen, werde es schon richten.

Nicht zu vergessen: Wiesbaden ist eine wachsende Stadt. Die Bevölkerung ist in den vergangenen 20 Jahren um 20.000 auf knapp 290.000 Einwohner gewachsen. Jeder zweite von ihnen hat ein Auto. Und ein Ende der Landflucht ist nicht in Sicht. Es wird auf den Straßen also noch enger werden, wenn nicht jetzt etwas getan wird. Also liebe *CityBahn*-Gegner. Wie sieht euer Gegenvorschlag aus? Wie soll eine zukunftsfähige und ökologische Mobilität in Wiesbaden aussehen? Wie sieht eure Vision für den städtischen Verkehr der Zukunft aus? Ich freue mich auf Vorschläge!

sensor #60; Dezember 2017 / Januar 2018

Nachtrag: Diesem Aufruf folgte niemand. Realistische Vorschläge, wie sich die Verkehrssituation in Wiesbaden verbessern lässt, hat es von den *CityBahn*-Gegnern bis heute nicht gegeben.

Falk Fatal und die unvollständige Jahresvorschau

Die Gänsekeulen sind verdaut und die Tischfeuerwerke abgebrannt. Am Straßenrand verwelken die letzten Tannenbäume und die ersten guten Vorsätze sind längst gebrochen. Kurzum: 2018 hat uns längst am Wickel. Höchste Zeit für einen kurzen Blick in die Zukunft, der uns verrät, was wir vom Jahr des Hundes erwarten dürfen.

Februar: Die Anträge der beiden Vorsitzenden der hessischen AfD, Robert Lambrou und Klaus Herrmann, auf Mitgliedschaft bei *Eintracht Frankfurt*, werden satzungsgemäß abgelehnt[88]. Bernhard Lorenz, Fraktionsvorsitzender der Wiesbadener CDU, zeigt sich daraufhin solidarisch mit den rechten Populisten und stellt einen Mitgliedsantrag beim *Hamburger SV*. Sein Pech: Der Antrag wird angenommen.

März: Die Gegner der *CityBahn* veröffentlichen einen Alternativvorschlag. Dieser sieht vor, an den verkehrsreichsten Straßen Wiesbadens alle Häuser mit geraden Hausnummern zu sprengen. Durch den neugewonnenen Platz können die Straßen verbreitert und somit Platz für durchgängige Busspuren geschaffen werden. Außerdem bleibt noch Raum für zusätzliche Autospuren, was den Verkehr besser fließen lässt. Der Vorschlag gewinnt wenig überraschend schnell Befürworter.

April: Nach den gescheiterten Koalitionsverhandlungen zwischen CDU/ CSU und der SPD, bringen Spitzenpolitiker der Union die sogenannte Belgien-Koalition ins Spiel. Kurz darauf beginnen zwischen CDU/CSU, FDP und der Linkspartei die ersten Sondierungsgespräche.

Mai: In einem dramatischen Relegationsspiel besiegt der *SV Wehen-Wiesbaden* den *FC Erzgebirge Aue* 2:0 und steigt damit wieder in die

---

88 Der Präsident von *Eintracht Frankfurt*, Peter Fischer, hatte im Dezember 2017 in einem Interview gesagt, dass es sich nicht mit der Satzung seines Vereins vertrage, AfD zu wählen und dass AfD-Wähler deshalb nicht Mitglieder von *Eintracht Frankfurt* werden könnten. Die daraufhin gestellten Mitgliedsanträge der beiden hessischen Landessprecher der sogenannten AfD, Robert Lambrou und Klaus Herrmann, wurden abgelehnt. Die Mitglieder von *Eintracht Frankfurt* waren einverstanden mit Fischers Kurs. Sie wählten ihn im Januar 2018 auf der Mitgliederversammlung des Vereins mit 99 Prozent der Stimmen erneut zum Präsidenten.

2. Bundesliga auf. Die 2.345 anwesenden Fans feiern enthusiastisch den größten Erfolg der Vereinsgeschichte. Beim spontanen Jubelmarsch durch die Stadt blockieren die Fans einige Kreuzungen. Es kommt zu leichten Verkehrsbehinderungen. Empörte Wiesbadener rufen daraufhin die Polizei. Als diese nicht eingreift und die Fans feiern lässt, lassen die empörten Bürger bei *Facebook* ihrem Frust darüber freien Lauf.

September: Die CDU gewinnt überlegen vor der SPD die hessische Landtagswahl. Es kommt zu Koalitionsverhandlungen. Rund vier Wochen später wird der Koalitionsvertrag unterschrieben.

Oktober: Die Belgien-Koalition kommt nicht zustande. Christian Lindner beendet die Sondierungsgespräche mit den Worten: „Es ist besser, nicht zu regieren, als falsch zu regieren." Neuwahlen sind unausweichlich.

Dezember: Die Stadt Wiesbaden hat ihr Sicherheitskonzept für den Sternschnuppenmarkt[89] erweitert. Die Weihnachtsmarktpoller stehen nun schon an den Eingängen zur Fußgängerzone und nicht erst am Mauritius- oder Schlossplatz. Am 24. Dezember müssen aber auch die Betonklötze klein beigeben: dem Ansturm der Ehemänner, die jetzt erst gemerkt haben, dass Weihnachten ist und sie dringend noch ein Geschenk für ihre Frauen brauchen, halten sie nicht stand.

sensor #61; Februar 2018

---

89 In Wiesbaden heißt der Weihnachtsmarkt seit 2002 Sternschnuppenmarkt. Was manche besorgten Bürger nicht davon abhält, jedes Jahr aufs Neue darüber zu fabulieren, dass eine angebliche Islamisierung der Grund für die Namensgebung wäre.

Falk Fatal und der Kreislauf der Erneuerung

Ruhe. Endlich Ruhe und Frieden. Endlich sind sie vorbei, die F&F-Monate, diese Monate des Fressens und Feierns. Endlich beginnt die Zeit des Entschlackens. Und der Kreislauf der Erneuerung schreitet voran.

Es geht schleichend los, steigert sich unmerklich, aber stetig – wie bei einem Frosch, dem man das Wasser im Teich ganz sachte erwärmt, bis es so heiß ist, dass es ihn tötet. Spätestens Ende November, Anfang Dezember ist dieser Zeitpunkt erreicht. Selbst die größten Traditionalisten kapitulieren dann vor den weihnachtlichen Verlockungen, die ihnen seit Ende August in den Supermärkten unter die Nase gerieben werden. Lebkuchen, Spekulatius, Baumkuchen, Vanillekipferl und Christstollen sind plötzlich fester Bestandteil des Ernährungsplans. Klebrige Glühweinfinger stören nicht, während wir uns auf überfüllten Weihnachtsmärkten durch die Menschenmassen schieben und überlegen, ob wir uns als Nächstes eine Bratwurst, ein Steakbrötchen oder doch einen süßen Crêpe einverleiben. Weihnachtsfeiern dienen als gern genommene Ausrede, um auch unter der Woche zu tief ins Glas schauen zu können, und doch sind die ersten Dezemberwochen nur das Vorspiel auf die Weihnachtsfeiertage.
Die sind eine einzige Orgie. Gänsekeulen hier, Schweinebraten da, und natürlich Lebkuchen, Christstollen und Vanillekipferl bis zum Gehtnichtmehr. Zwischen den Jahren werden die Reste verdrückt und dann Silvester, Tischfeuerwerk, Raclette, Fondue, Sekt und Knabberkram bis zum Abwinken.

Dann der erste Kater. Neujahr. Kurze Pause. Doch viel Zeit zum Verschnaufen bleibt nicht. Die ersten Faschingsveranstaltungen warten. Kreppelkaffee, Kappensitzungen und viel *Helau* und *Alaaf*. Ab Altweiberfastnacht dann Eskalation total. Ein lang anhaltender Rausch, der erst am Aschermittwoch sein Ende findet. Und selbst die größten Freunde des Genusses freuen sich dann auf das, was jetzt folgt: die Fastenzeit. Die Zeit des Entschlackens, des zur Ruhe Kommens.
Da wir noch keine Wüste in der Nähe haben und die meisten es sich zeitlich ohnehin nicht erlauben können, 40 Tage ohne Brot und Wasser durch die Gegend zu irren, verzichten wir auf andere Dinge.

Es ist schließlich der Gedanke, der zählt. Auf Fleisch zu verzichten tut es ja auch. Oder auf Süßigkeiten, Alkohol oder Pornos. Jeder fastet anders. Manche sogar sozial. Die verzichten dann darauf, mit dem Auto zum Zigarettenautomaten zu fahren.

Und dann sind die 40 Tage vorbei. Der Körper ist entschlackt und entgiftet und bereit für neue Schandtaten. Die eingeschmolzenen Schokoweihnachtsmänner schmecken auch als Osterhase und der Lammbraten sowieso. Wir glühen wieder langsam vor, wie ein Frosch im Teich, dessen Wasser man langsam erhitzt. Und spätestens Ende November, Anfang Dezember beginnt die Zeit der Völlerei, des Gönn-ich-mir erneut. Der Kreislauf der Erneuerung dreht eine neue Runde.

sensor #62; März 2018

Falk Fatal und der Cannabis Social Club

Kürzlich hat die Stadtratsfraktion der Linken für überregionales Aufsehen gesorgt. In einem Antrag forderten sie die Schaffung eines „Cannabis Social Club". Wissenschaftlich begleitet, soll in diesem Modellprojekt legal gekifft werden dürfen. Ist ja klar, dass so ein Vorschlag von den Linken kommt. Wenn die keine langhaarigen Bombenleger sind, dann sind die langhaarige Kiffer. Betrachtet man den Antrag aber unvoreingenommen, dann hat eine Legalisierung und kontrollierte Abgabe von Cannabis einige Vorteile.

Warum ist Cannabis verboten? Hauptsächlich, um die Gesundheit der Bevölkerung zu schützen. Doch Cannabis verursacht deutlich weniger gesundheitliche Schäden als alle anderen illegalen Drogen – und auch als die legalen Drogen Alkohol und Nikotin. Während durch letztere jährlich rund 150.000 Menschen sterben, sind keine Todesfälle durch Cannabis-Konsum bekannt.

Oft heißt es auch, Cannabis sei eine Einstiegsdroge. Das mag stimmen. Schließlich ist der Dealer oft die erste Person, die einem Kokain, Ecstasy oder andere harte Drogen anbietet. Als gute Kapitalisten diversifizieren Drogendealer ihr Angebot. Könnte Cannabis legal erworben werden, würden viele mit härteren Drogen vielleicht nie in Berührung kommen. Davon abgesehen: Die meisten Junkies haben vor ihrem ersten Joint ihr erstes Bier getrunken und ihre erste Zigarette geraucht. Trotzdem käme niemand auf die Idee, Alkohol und Nikotin als Einstiegsdrogen zu bezeichnen. Vermutlich wäre ein kontrollierter, legaler Cannabis-Verkauf zudem noch besser für die Gesundheit der Konsumenten, da sicher wäre, dass der Stoff nicht mit Zusatzstoffen gestreckt ist.

Auch Polizei und Justiz würden entlastet, da Cannabis-Konsumenten strafrechtlich nicht mehr verfolgt werden müssten. Selbst die Polizeigewerkschaft *Bund Deutscher Kriminalbeamter* forderte kürzlich die Legalisierung von Cannabis.

Ein weiterer Vorteil: Staat und Kommunen würden daran verdienen – entweder über Steuereinnahmen oder indem sie selbst als Verkäufer auftreten. Es würde zudem die kriminellen Strukturen schwächen, die durch das Verbot geschützt deutlich mehr als eine Milliarde

Euro pro Jahr umsetzen. Zu Guter Letzt gibt es schon Staaten, in denen der Cannabis-Verkauf legalisiert ist und deren Erfahrungen man für ein eigenes Konzept nutzen könnte. In den Niederlanden wird Cannabis toleriert und kann schon seit vielen Jahren in sogenannten Coffee-Shops erworben werden. In Uruguay wird Cannabis unter staatlicher Kontrolle verkauft ebenso in den US-Bundesstaaten Colorado und Washington. Bislang sind diese Staaten nicht im Chaos versunken oder wegen chilligem Nichtstun zugrunde gegangen.

sensor #63; April 2018

Falk Fatal entwickelt ein Showkonzept

Ich vermisse Arabella, Bärbel Schäfer und Andreas Türck[90]. Ich vermisse die Talkshows der frühen 90er Jahre. Das war noch Unterhaltung! Da wurde richtig gestritten und geschimpft. Kein Argument war zu dumm, um den eigenen Standpunkt zu verteidigen. Also wie heutzutage bei *Facebook* – aber in echt! Und das hat mich auf eine Idee gebracht: Warum nicht das Moderne mit dem Alten kombinieren und daraus beste Abendunterhaltung machen?

Man nimmt besonders eifrige *Facebook*-Diskutanten, also die, DIE ALLES IN GROSSBUCHSTABEN SCHREIBEN, und lässt die in einer Fernsehshow gegeneinander antreten. Die erste Runde ist eine klassische Talkshow. Die Kontrahenten stehen sich gegenüber und hauen sich ihre Argumente um die Ohren.
„Die *CityBahn* ist gut für Wiesbaden."
„Nein, ist sie nicht."
„Doch, ist sie."
„Nein, ist sie nicht. Die *CityBahn* ist eine Gefahr für den Weltfrieden."
Wie *Facebook*, nur in echt: Kein Argument ist zu blöd.
Nach der Debatte gibt eine Jury, ähnlich wie bei den beliebten Castingshows des Privatfernsehens, ihr Urteil ab. Als mögliche Jurymitglieder könnte ich mir vorstellen: Detlef D. Soost, Naddel und Mario Basler.
„Dietmar, deine Argumente für die *CityBahn* haben mich voll überzeugt. Weiter so!"
„Andreas, glaubst du eigentlich den Quatsch, den du von dir gibst? Jetzt mal ehrlich, du willst statt der *CityBahn* an den verkehrsreichsten Straßen Wiesbadens alle Häuser mit geraden Hausnummern sprengen, um die Straßen zu verbreitern und damit Platz für Bus- und weitere Autospuren zu schaffen. Wirklich, das ist dein Plan? Was

---

90 Arabella Kiesbauer, Bärbel Schäfer und Andreas Türck zählten in den 1990er-Jahre zu den prominenten Moderatorinnen und -moderatoren der täglich im Nachmittagsprogramm gesendeten Talkshows – wobei Talkshows hier als Euphemismus verstanden werden soll. Denn statt ernsthaft über Themen zu diskutieren, ging es in diesen Sendungen um Krawall. Je konfliktreicher das Thema, desto besser, denn dann wurde viel geschrien und getobt. Ein Dauerthema dieser Sendungen waren Seitensprünge und ungewollte Schwangerschaften. Die Verkündung des Ergebnisses des Schwangerschaftstests, den die Protagonisten vor der Sendung machen mussten, war ein wiederkehrendes Highlight dieser Sendungen.

Blöderes habe ich noch nicht gehört." Dann stimmt das Publikum ab, wer die Runde gewonnen hat.

Damit auch Menschen, die nicht so schlagfertig sind, eine Chance auf den Sieg haben, wird es in der 2. Runde körperlich. Um nicht zu sagen: gewalttätig. Wie bei „American Gladiators" – einer weiteren tollen Show aus den 90er Jahren. Und ähnlich wie damals steigen die Kontrahenten in den Ring. Nur dass der Ring kein Ring ist, sondern eine schmale Holzplanke, die zwei Meter über einem Wasserbecken liegt. Die Kontrahenten müssen dann mit Schaumstoffknüppeln aufeinander einschlagen, bis einer im Wasser landet. Wer den Gegner zuerst dreimal ins Becken knüppelt, gewinnt die zweite Runde. Vielleicht steht dann schon ein Gewinner fest. Der Gewinn wird überreicht, Lametta fällt von der Studiodecke, und Abspann. Steht es nach der 2. Runde unentschieden, kommt es zur finalen Entscheidungsrunde. Jetzt ist Geschicklichkeit und Geschwindigkeit gefragt. Wer es als Erster schafft, einhändig ein Kartenhaus zu bauen, gewinnt. Anschließend wird der Gewinn überreicht, Lametta regnet von der Studiodecke und Ende.

Und jetzt stellt euch mal vor, das liefe wirklich im Fernsehen. Geil, oder nicht? Ich würde mir das anschauen. Immer und immer wieder. Wie damals Arabella, Bärbel Schäfer und Co.

sensor #64; Mai 2018

Falk Fatal entdeckt die Großstadt

Liebe Leserinnen und Leser, es tut mir wirklich leid, aber ich muss Sie mit einer schockierenden Nachricht konfrontieren: Wiesbaden ist eine Großstadt. Ja wirklich, Sie haben richtig gelesen: Wiesbaden ist eine Großstadt! Fast 300.000 Menschen leben offiziell im Gebiet der hessischen Landeshauptstadt, aber einer Bevölkerungszahl von 100.000 Einwohnern zählt eine Stadt als Großstadt.
Warum ich Sie mit dieser Nichtigkeit behellige? In letzter Zeit höre und lese ich immer wieder Kommentare wie: „Was? Wiesbaden, soll eine Großstadt sein? Das ist doch ein Witz?" Nee, kein Witz, sondern Fakt. Aber es passt in diese Zeit, in der Gefühle die neuen Fakten sind.
Natürlich können wir uns darüber streiten, ob Wiesbaden ein urbanes Flair hat, ob das Gastronomie- oder Veranstaltungsangebot großstädtisch genug ist oder die Stadt überhaupt wie eine Großstadt wirkt. Je nachdem wie die persönlichen Vorlieben sind, können die Antworten unterschiedlich ausfallen. Die Topografie Wiesbaden tut ihr Übrigens. Der Innenstadtbereich ist relativ klein, die eingemeindeten Ortschaften ringsherum dafür umso zahlreicher. Mag sein, dass das Kleinstadtfeeling deshalb nie ganz verschwindet. Aber es ändert nichts daran, dass fast 300.000 Menschen in Wiesbaden leben und Wiesbaden seit fast 100 Jahren Großstadt ist.

Im Jahr 1919 lag kriegsbedingt die Zahl der Einwohner letztmals unter 100.000. Seit 1947 leben mehr als 200.000 Menschen in Wiesbaden, wann die 300.000-Einwohner-Grenze überschritten wird, ist nur noch eine Frage von wenigen Jahren. Im Netz lese ich stattdessen: „Ich sehne die Zeit zurück, als Wiesbaden noch klein und übersichtlich gewesen ist." Die Frau muss ganz schön alt sein, denn klein und übersichtlich war Wiesbaden in der ersten Hälfte des 19. Jahrhunderts, als die Stadt zuletzt eine fünfstellige Einwohnerzahl hatte.
Aber vielleicht liegt genau hier das Problem: Das Kleinstadtfeeling hat sich so in den Köpfen festgesetzt, dass der Blick für die Realität getrübt wird. Denn selbst wenn man Wiesbaden als die schnarchigste, langweiligste und am wenigsten großstädtisch wirkende Stadt überhaupt wahrnimmt: Die Herausforderungen und Probleme mit denen Wiesbaden zu kämpfen hat, sind in ihrer Größe

und Intensität die einer Großstadt. Beispiel Kriminalität. Natürlich ist jedes Verbrechen eines zu viel. Aber es kann doch ernsthaft niemand verwundern, dass es Kriminalität in all ihren Facetten auch in Wiesbaden gibt – und das nicht erst seit gestern, sondern schon seit immer und zum Teil schlimmer heute. Dafür genügt ein Blick in alte Kriminalitätsstatistiken oder Tageszeitungen.

Es ist leider so: Wo viele Menschen leben, gibt es auch viele Probleme. Je eher wir uns das eingestehen, desto eher können wir uns der Lösung widmen.

sensor #65; Juni 2018

Falk Fatal und die Faszination des Bösen

Die Fußball-WM[91] läuft seit rund zwei Wochen. Keine Ahnung, wie es in Ihrer Filterblase in den Wochen vor der WM war, aber in meiner gab es einige, die darüber nachgedacht haben, die WM zu boykottieren – darunter gestandene Fußballfans, die sich sonst nicht zu schade sind, für ihren Verein alle zwei Wochen durch die halbe Republik zu reisen. Und wer nicht boykottieren will, verspürte zumindest deutlich weniger Vorfreude als bei den WMs zuvor. Der Grund für den Fußball-Blues: die Menschenrechte. Dass es um die in Russland schlecht bestellt ist, hat sich bei den meisten Menschen – bis auf ein paar Verwirrte bei den Linken und der AfD – herumgesprochen.

Ich finde es gut, dass die Menschenrechte vielen Leuten nicht egal sind und diese einen Fußball wollen, der sich an Recht und Gesetz hält. Ich frage mich trotzdem, warum gerade bei dieser WM über einen Boykott nachgedacht wurde. Warum nicht schon bei Veröffentlichung der *Football-Leaks*[92], die zeigen, wie die großen und kleinen Fußballstars in Millionenhöhe Steuern hinterziehen oder wie Vereine zu Geldwaschanlagen mutieren? Was war eigentlich los, als herauskam, dass für das Sommermärchen 2006[93] mutmaßlich Schmiergelder geflossen sind, wie vermutlich bei der Vergabe aller Weltmeisterschaften der vergangenen Jahre? Wo bleibt der Aufschrei, wenn Fußballvereine Sponsorendeals mit Firmen eingehen, die Menschenrechte missachten[94]? Oder wenn Millionen für Stadien

---

91 Die Fußball-WM der Herren fand vom 14. Juni bis zum 15. Juli 2018 in Russland statt. An der Vergabe der WM an Russland gab es aufgrund der schlechten Menschenrechtslage und der kaum vorhandenen Pressefreiheit internationale Kritik.

92 *Football-Leaks* war eine Enthüllungsplattform, die das zum Teil fragwürdige Finanzgebaren im Profi-Fußball offenlegte. Die Plattform veröffentlichte viele Originalverträge zwischen Spielern, Beratern und Vereinen sowie Transfervereinbarungen zwischen Fußball-Klubs. Später übergaben die Betreiber der Plattform die Dokumente an das Nachrichtenmagazin *Der Spiegel*, das diese gemeinsam mit anderen europäischen Medien auswertete und veröffentlichte.

93 Die Fußball-WM der Herren, die 2006 in Deutschland stattfand, wurde und wird teilweise als Sommermärchen bezeichnet, weil das Wetter gut war und deutsche Fußball-Fans zeigten, dass man sich auch alkoholisiert Deutschland-Schminke ins Gesicht reiben kann, ohne dabei den rechten Arm zum Gruß zu heben.

94 Als Beispiele seien der Sponsorendeal des *FC Bayern München* mit dem katarischen Staatsunternehmen *Qatar Airways* und die langjährige Beziehung zwischen dem *FC Schalke 04* und dem russischen Energiekonzern *Gazprom* erwähnt. Während *Bayern München* trotz der heiklen Menschenrechtslage in Katar weiterhin das Logo von *Qatar Airways* auf dem Ärmel trägt, hat sich *Schalke 04* kurz nach Beginn des russischen Kriegs gegen die Ukraine von *Gazprom* getrennt.

versenk werden, die nach einer WM irgendwo im Dschungel[95] oder in der Wüste verrotten, weil es keine Verwendung mehr für sie gibt? Kurzum: Im Profifußball läuft schon seit vielen Jahren etwas schief. Trotzdem werden jedes Jahr neue Rekorde gebrochen. Mehr Zuschauer. Höhere Einschaltquoten. Größere Einnahmen. Vermutlich werden jetzt auch die meisten, die boykottieren wollten, gebannt vor dem Fernseher sitzen und die K.o.-Spiele verfolgen. Jetzt geht es schließlich um was.

Ich glaube, es liegt daran, dass Profifußball längst kein Sport im klassischen Sinne mehr ist, sondern Unterhaltung. Der Profifußball ist wie eine große, in Echtzeit laufende Telenovela. Und sind nicht in Telenovelas oder generell Serien und Filmen die Bösewichte die faszinierendsten Figuren? GZSZ[96] ohne Jo Gerner[97] wäre wie Rippchen ohne Kraut. James Bond ohne Dr. No wäre nur ein promiskuitiver Anzugträger mit Vorliebe für Martini. Luke Skywalker wäre ohne seinen Vater nur ein Waisenjunge in einer weit, weit entfernten Galaxie. Und haben Sepp Blatter[98] und Uli Hoeneß[99] nicht eine gewisse Ähnlichkeit mit Don Corleone? Würde Gianni Infantino[100] nicht einen prima Doug Stamper[101] abgeben?

Das Böse fasziniert uns, wir können nicht ohne. Spätestens wenn die Nationalmannschaft das Halbfinale oder gar Finale erreichen sollte, sind die Menschenrechte sowieso egal. Höchste Zeit, die Sopranos-DVDs wieder hervorzuholen.

sensor #66; Juli/August 2018

95 Für die Fußball-WM 2014 in Brasilien wurden die Stadien *Arena da Amazônia* in Manaus und das *Estádio Nacional de Brasília Mané Garrincha* in der Hauptstadt Brasilia für zusammen rund 900 Millionen Euro gebaut. Beide Stadien wurden nur während der WM genutzt und stehen seitdem leer. Ein ähnliches Bild zeigt sich bei den Stadien *Arena Pantanal* in Cuiabá und *Arena Pernambuco* in Recife. Beide werden seit der WM nicht mehr genutzt.

96 GZSZ ist die Abkürzung der Daily Soap Gute Zeiten, schlechte Zeiten, die seit 1992 im Vorabendprogramm von RTL läuft.

97 Jede gute Soap braucht einen Bösewicht. Bei GZSZ heißt dieser seit Folge 185 Jo Gerner.

98 Sepp Blatter war Präsident des Fußball-Weltverbands FIFA bis er 2015 nach diversen Korruptionsvorwürfen von seinem Amt zurücktrat.

99 Uli Hoeneß ist ein ehemaliger Fußballspieler und war Manager und Präsident des *FC Bayern München*. Er saß vom 2. Juni 2014 bis zum 29. Februar 2016 wegen Steuerhinterziehung in der JVA Landsberg hinter Gittern.

100 Gianni Infantino ist der aktuelle Präsident des Fußball-Weltverbands FIFA. Zurzeit läuft in der Schweiz ein Strafverfahren gegen ihn wegen Amtsmissbrauchs, Verletzung des Amtsgeheimnisses und Begünstigung.

101 Doug Stamper erledigt in der Fernserie *House of Cards* die Drecksarbeit für den Politiker und späteren US-Präsidenten Francis Underwood, wenn diesem mal wieder die Presse oder die Opposition zu sehr auf die Pelle rücken.

Falk Fatal ist im Sommerloch

Eine alte Faustregel besagt: Wetter geht immer. Jeder weiß was dazu, jeder hat was erlebt, und Witze kann man auch darüber machen. „Ich habe heute Morgen kalt geduscht. Der Wasserdampf hat mir die Haut verbrannt." Aber was war das auch für ein Sommer! Wochenlang kein Regen. Alles ausgetrocknet und verdorrt. Selbst in meinen Beinen war mehr Wasser als an manchen Stellen im Kesselbach. Zu allem Übel wurde irgendwann auch noch die Nahrung eintönig. Wochenlang nur tote Beete. Das nervt.

Einige Menschen hat das ganz schön kirre gemacht. Es wurde viel geschwitzt in diesem Sommer. Noch mehr wurde verschwitzt. Empathie und Menschlichkeit zum Beispiel. In Dresden bei der Pegida-Menge, die einem Rettungsschiff im Mittelmeer „absaufen, absaufen" wünschte[102], aber auch bei den angeblich besorgten Bürgern, die auf dem Dernschen Gelände[103] ihre rassistischen Tiraden losließen und den Holocaust relativierten[104].

Die Fähigkeit, Kritik anzunehmen oder sie sich wenigstens einmal anzuhören, ohne sofort loszugeifern, haben in diesem Sommer ebenfalls viele verloren. Oder die Kommentare zur neuen LSBT*IQ-Koordinierungsstelle der Landeshauptstadt Wiesbaden[105]. Die waren zum Teil unterirdisch und beweisen einmal mehr, warum solch eine Koordinierungsstelle leider sinnvoll ist. Die Früher-war-alles-besser-Fraktion ist nicht nur beim Wetter groß.

Allerdings habe ich Rudi Carrell vermisst. Ein einziges Mal ist er diesen Sommer mit seinem Evergreen in meiner Timeline aufgetaucht. Der niedrigste Wert seit Beginn der Wetteraufzeichnung – obwohl sich im Nachhinein bestimmt einige einen Sommer gewünscht

---

102 Der Redner sprach über das Rettungsschiff „Mission Lifeline", das zu diesem Zeitpunkt 234 im Mittelmeer schiffbrüchige Flüchtlinge an Bord hatte.

103 Das Dernsche Gelände ist ein Platz in der Wiesbadener Altstadt, der sich auf der Südseite des Rathauses und der Marktkirche befindet.

104 Anfang August 2018 fand auf dem Dernschen Gelände eine Kundgebung einer lokalen rechtsextremen Gruppierung statt. Auf dieser setzte eine Rednerin die Flüchtlingspolitik der damaligen Bundesregierung mit dem Holocaust gleich.

105 Seit 2018 gibt es in Wiesbaden eine LSBT*IQ-Koordinierungsstelle im Rathaus, die sich mit Themen rund um Lesben, Schwule, Bisexuelle, trans*, intergeschlechtliche und queere Menschen (LSBT*IQ) befasst. Sie will eine Schnittstelle zwischen Politik, Stadtverwaltung und der Community sein.

hätten, wie er früher einmal war. Mit Sonnenschein von Juni bis September und nicht so lang und so trocken wie in diesem Jahr.

Das Wetter machte auch vor dem Fernsehen nicht Halt. Die Moderatoren der Wetterberichte wirkten teilweise wie Boxkommentatoren auf Ritalin. „Schon wieder kein Niederschlag! Hoch Helmut weicht der Kaltwetterfront geschickt zur Seite aus und setzt zum Konter an. Seine Rechte kommt ansatzlos aus der Hüfte geschossen, geht knallhart durch die Deckung auf die Niere und schickt die Kaltwetterfront auf die Bretter. Davon wird sie sich nicht mehr erholen. Der Kampf ist vorbei. Wir gehen in die Werbung."

Das ließ manche träumen. Von einem kalten, kalten Winter, so kalt, das man nur Schlittschuhe braucht, um auf die *Rettbergsaue*[106] zu fahren. Doch noch ist der Winter nicht da. Genießen wir lieber den restlichen Sommer und fahren solange mit der Tamara. Das ist ja auch schön. Und die dunklen Tage kommen sowieso früh genug.

sensor #67; September 2018

---

106 Die *Rettbergsaue* ist ein Wiesbadener Rheininsel, auf der man in den Frühlings- und Sommermonaten baden und zelten kann.

Falk Fatal war an der frischen Luft

Urlaub ist eine tolle Sache. Richtig gemacht, erholen sich Körper und Geist, und hinterher ist der Akku wieder voll. Aber das ist auch nötig, denn oft sind die eins zwei Wochen vor dem Urlaub die reinste Hölle. Zum einen wird es langsam ernst mit der Reiseplanung: Wie soll das Wetter werden? Welche Kleidung packe ich ein? Eine Badehose oder doch lieber einen zusätzlichen Pulli? Die Nächte sind mittlerweile ja wieder kalt. Und ob der Sommer wirklich noch einmal zurückkommt? So viele quälende Fragen für ein bisschen Erholung.

Zum anderen wird es beruflich nochmal wilder als sonst. Deadlines kennen keinen Urlaub. Dann müssen die Artikel, die ich sonst in zwei Wochen erst begonnen hätte, halt schon bis Ende dieser Woche fertig geschrieben werden, genauso wie die Artikel, an denen ich jetzt gerade sitze. Aber die Urlaubsvorfreude lässt einen durchhalten. Mit einem klar fokussierten Ziel vor Augen kann man alles schaffen. Tschakka!

Und wenn dann am letzten Arbeitstag endlich der Hammer fällt, ist man wirklich urlaubsreif. Körper und Geist sind ausgequetscht wie eine Zitrone, nachdem ihr Saft in einen Long Island Icetea geträufelt wurde.

Ich komme gerade aus dem Urlaub zurück, verzeihen Sie mir bitte die vorherige Metapher. Zu meiner Verteidigung kann ich nur sagen: Bei mir hat das mit der Erholung vorzüglich geklappt – so vorzüglich, dass ich beinahe die Abgabe dieser Kolumne vergessen hätte. Doch es ist alles noch einmal gutgegangen. Ich kam rechtzeitig zurück in eine Zone, in der mein Smartphone Empfang hat und mich eine freundliche Erinnerung erreichte.

Wir haben unseren Urlaub in einer sehr ländlichen Gegend verbracht. Wenig Häuser, wenig Menschen, viele Felder und Wald. Wenig Internet. Das komplette Gegenteil vom Alltag. Sehr schön, auch wegen des Gefühls, endlich einmal durchatmen zu können. Es macht schon einen Unterschied, ob ich das an der Ringkirche[107] zur Rushhour mache oder auf dem *Peterskopf*[108].

---

107 Die Ringkirche ist eine Kirche in Wiesbaden, die am stark befahrenen Kaiser-Friedrich-Ring liegt.

108 Der *Peterskopf* ist eine 500 Meter hohe Erhebung am Edersee in Nordhessen.

Egal, wie lange man verreist: Der letzte Urlaubstag ist viel zu schnell da. Ein komischer Tag. Einerseits treibt dich melancholischer Aktionismus an. Nochmals so viel erleben wie möglich. So viele Eindrücke sammeln, noch einmal die Ruhe und Stille einsaugen, damit dieses unbeschwerte Urlaubsfeeling möglichst lange hält. Auf jeden Fall hält es nicht lange genug. Meist reicht schon eine Fahrt über den 1. Ring[109], um es verschwinden zu lassen. Mal schauen, wie lange es dieses Mal hält. Andererseits ist da auch die Vorfreude auf zu Hause. Auf die Stadt, das Leben, neue Projekte. Die gesammelte Energie nutzen und verbrauchen. Wozu soll ein aufgeladener Akku sonst gut sein? Eben.

sensor #68; Oktober 2018

---

109 Der 1. Ring ist eine der innerstädtischen Hauptverkehrsadern. Er besteht aus dem Kaiser-Friedrich-Ring und dem Bismarckring.

Falk Fatal ist in Herbstlaune

Der Herbst ist da! Endlich graue Wolken, kahle Bäume und dunkle Tage. Endlich hochgeklappte Mantelkrägen, die durch den Nieselregen waten. Und kleine Kinder mit Laternen, die zum Martinsumzug strömen, bieten Stoff für große Dramen. Zumindest in meiner Kindheit. Ich war immer froh, wenn der Laternenwahnsinn vorbei war.

Es fing damit an, dass wir die Laternen selbst bastelten und bemalten. Erst im Kindergarten, dann in der Grundschule. Für einen Bastel- und Mal-Legastheniker wie mich: der Horror! Egal wie sehr ich mich anstrengte, meine Laternen sahen immer wie ein Unfall aus. Und mit diesem unförmigen Pappmascheeklumpen stand ich dann mit vielen anderen vor der Kirche und wartete, dass der Umzug losging. Immerhin konnte man solange das Pferd beobachten, das aufs Kopfsteinpflaster schiss und auf dem der Zahnarzt aus dem Nachbardorf saß, um den heiligen Martin darzustellen. Der trug einen alten roten Kapuzenmantel, der sicher auch bei der einen oder anderen Weihnachtsfeier zum Einsatz kam.
    Dann ging es los. Die Kinderhorde schob sich mit ihren Laternen durch die engen Gassen und sang „Laterne, Laterne, Sonne, Mond und Sterne". Doch die gute Laune hielt nicht lange. Immer fing irgendeine Laterne Feuer, oder sie löste sich im stärker werdenden Regen langsam in nasse Papierfetzen auf. Das Resultat war immer dasselbe: Tränenvulkane eruptierten. Schrecklich. Ich war immer heilfroh, wenn ich es unbeschadet zum Martinsfeuer am Sportplatz schaffte, was nicht immer gelang, und wenn dort endlich der bessere Teil des Martinstags begann.

Das Martinsfeuer loderte schon meterhoch in den dunklen Abendhimmel. Natürlich bewacht von den Jungs von der Freiwilligen Feuerwehr. Für die war das auch ein Großereignis. Einer der seltenen Fälle, in denen sie mit Feuer zu tun hatten und nicht das Hochwasser aus Kellern pumpen mussten. Aus Freude darüber verschenkten sie Weckmänner mit Tonpfeife. Die waren super und das Highlight des Tages. Der Weckmann war lecker, die Tonpfeife in den nächsten Wochen ein beliebtes Accessoire, das zeigen sollte, dass man schon groß war und rauchte. Und wirklich, mit gaanz viel Fantasie bildete ich mir ein, dass meine Atemwölkchen Tabakrauch wären. Einige Jahre später waren sie das dann auch. Ein bisschen eklig war das schon, aber hey, was macht nicht alles, wenn man denkt, Rauchen wäre cool. Heute weiß ich es besser, ganz losgekommen bin ich davon trotzdem noch nicht. Aber das ist eine andere Geschichte.

Irgendwann war das Martinsfeuer niedergebrannt und mit Löschschaum bedeckt. Der Zahnarzt galoppierte zurück ins Nachbardorf, und ich schlurfte mit meinem Pappmascheeunfall nach Hause. Froh, es wieder einmal hinter mich gebracht zu haben. Der Herbst ist einfach toll.

sensor #69; November 2018

Falk Fatal im Wandel der Zeit

Das Jahr neigt sich dem Ende zu. Der Herbst geht, der Winter kommt. Die Welt wandelt sich. Permanent. Das Ende der Geschichte ist nicht in Sicht. Selbst wenn das 1991 manchen so schien. Da lag der größte Wandel der jüngeren Weltgeschichte gerade einen Wimpernschlag zurück. Der Kommunismus war am Ende, überall sprossen kleine Demokratien hervor. Das Konzept der Autokratie schien seine beste Zeit hinter sich zu haben. Doch dabei hatte nur der Kapitalismus gesiegt. Blühende Landschaften stellten sich in den jungen Demokratien selten ein, und so verrotten viele wieder.

Etwas zeitversetzt kam das Internet und revolutionierte die Kommunikation. Die Demokratie, die sich in der realen Welt nicht überall verwirklichen konnte, war und ist hier noch existent. Fast jeder kann mit fast jedem überall auf der Welt in Echtzeit interagieren. Zu jedem Thema, zu jeder Leidenschaft, zu jeder Neigung. Im Netz findet man Gleichgesinnte. Dieser Kommunikationswandel, dass jeder gleichzeitig Sender und Empfänger sein kann, war vermutlich ähnlich einschneidend wie die Erfindung des Buchdrucks oder des Radios. Gleichzeitig digitalisiert sich die Welt. Künstliche Intelligenz ist keine Zukunftsvision mehr, sondern Realität. Science-Fiction wird langsam Wirklichkeit.

Auch die Gesellschaft wandelt sich. Frauen lassen sich nicht mehr alles gefallen und fordern auch die gesellschaftliche Gleichberechtigung ein. Minderheiten schaffen sich Gehör, werden sichtbar und wollen als selbstverständlicher und gleichberechtigter Teil der Gesellschaft wahrgenommen werden. Die Welt wird transparenter und vielfältiger. Und das ist gut so!

Die Welt wird damit aber auch komplizierter. Die binäre Weltordnung ist nicht mehr existent – was insofern ironisch ist, da die Welt immer mehr von Binärcodes bestimmt wird. Viele Menschen kommen mit diesem Wandel nicht klar. Sie sehnen sich nach damals, als alles angeblich besser war. Das war es natürlich nicht, doch die Vergangenheit verklärt sich schnell. Rattenfänger, die eine Wiederauferstehung der guten, alten Zeit versprechen, sind plötzlich wieder sexy. In den USA, auf den Philippinen, in Brasilien, Russland, Ungarn,

Polen oder Italien sind sie wieder an der Macht, im Nahen und Fernen Osten immer noch. In anderen Staaten haben sie enormen Zulauf – auch in Deutschland. Dort sind sie mittlerweile im Bundestag und in allen 16 Landesparlamenten vertreten sowie in den meisten Kreisparlamenten. Gleichzeitig nimmt die Zahl der Demokratien weltweit wieder ab.

Die Welt ist im Wandel, alte Gewissheiten sind passé, alte Lorbeeren sind mittlerweile unbequem, darauf ausruhen ist nicht mehr. Wenn die Welt nicht wieder werden soll, wie sie einmal war, müssen sich auch die Freunde der Demokratie wandeln. Nur dann wird die offene Gesellschaft weiter bestehen bleiben.

sensor #70; Dezember 2018

Falk Fatal ist ein präventiver Pessimist

Na, gut ins neue Jahr gerutscht? Gute Vorsätze gehabt und diese schon gebrochen? Bei mir war das früher die Regel. Schon kurz nach Jahresbeginn waren die wieder Geschichte. Der Weg zur Hölle ist schließlich mit guten Vorsätzen gepflastert. Ich hatte für dieses Jahr deshalb nur einen Vorsatz: Kein Optimismus mehr! Das Glas ist fast leer und nicht halbvoll! Keine Kalendersprüche mehr, die mir einreden wollen, ich könne alles schaffen, wenn ich nur fest genug daran glaube, sogar dass ich barfuß über glühende Kohlen laufen kann. Tschaka!

Vielleicht würde ich das sogar schaffen, ohne Brandblasen zu bekommen. Doch was würde ich mir damit beweisen? Dass ich etwas Saudummes machen kann? Das kann ich auch ohne glühende Kohlen. Liebeskummer und Alkohol reichen vollkommen. Für was soll das also gut sein? Was hat der Manager davon, wenn er über glühende Kohlen gelaufen ist? Ist es dann einfacher, über Leichen zu gehen?

Mich überzeugt dieser Optimismusglaube nicht. Wenn es so einfach sein soll, warum gibt es immer noch so viele Verlierer? Am mangelnden Optimismus allein wird es nicht liegen. Im Gegenteil. Zu viel Optimismus ist schlecht fürs Gemüt.

Die schlimmsten Fünfen waren die, die ich auf Klausuren bekam, bei denen ich fest mit einer Drei rechnete. Wenn ich dagegen vorher von einer Fünf ausging und die auch bekam, war das deutlich weniger schlimm. Das nahm ich achselzuckend hin. Bekam ich aber eine Vier, war die Freude groß.

Und diese Erinnerung brachte mich schließlich zu meinem Vorsatz für 2019: Vergiss den Optimismus! Sei ein präventiver Pessimist! Expect the worst and enjoy the rest.

Das Wetter morgen? Das wird richtig schlecht! Es wird hageln, stürmen und bitterkalt. Und wenn es wirklich so wird? Ist okay. Ich habe nichts anderes erwartet. Aber wenn es nur nieselt und die Temperaturen im Plusbereich sind? Geil. Endorphinrausch.

Oder der Straßenverkehr. Nichts ist gefährlicher. Täglich sterben in Deutschland neun Menschen, und mehr als 1.000 werden verletzt.

Es ist statistisch gesehen nur eine Frage der Zeit, bis es einen erwischt. Früher glaubte ich trotzdem, mir passiert schon nichts, und war dann sauer, wenn mir ein Autofahrer die Vorfahrt nahm – sehr zum Leidwesen meiner Freundin und der Kollegen, die dann meine schlechte Laune ertragen mussten. Jetzt gehe ich davon aus, dass ich dabei draufgehe, wenn ich das Haus verlasse, und bin glücklich, wenn ich mein Ziel nur mit ein paar Schrammen erreiche. Gut gelaunt singe ich dann frei nach Milva vor mich hin: „Hurra, ich lebe noch." Das freut auch meine Freundin und die Kollegen.

Was ich damit sagen will: Der präventive Pessimismus ist ein super Vorsatz! Er sorgt für gute Laune und zufriedene Menschen. Ich bin gespannt, wie lange ich das durchhalte. Ich tippe, spätestens in einem Monat ist der gute Vorsatz wieder dahin.

sensor #71; Februar 2019

Falk Fatal und die Freiheit

Das Jahr ist noch jung, und doch durften wir schon einer Debatte beiwohnen, die vermutlich eine der schrillsten des Jahres gewesen sein dürfte: die Diskussion um ein generelles Tempolimit auf deutschen Autobahnen.

Eine Klimakommission der Bundesregierung hatte ein solches empfohlen, um den CO_2-Ausstoß zu reduzieren. Befürworter eines Tempolimits bekamen plötzlich ein Gefühl dafür, wie es sein muss, im Mittleren Westen der USA ein Schusswaffenverbot zu fordern. Die Reaktion von Bundesautominister Andreas Scheuer nach Bekanntwerden der Empfehlung war dementsprechend: Er nannte die Überlegungen „gegen den Menschenverstand gerichtet".

Jetzt ist es mit dem Menschenverstand so eine Sache. Der ist bei jedem individuell ausgeprägt. Die einen finden, Tempolimits widersprechen dem Menschenverstand, andere behaupten das über Tempo 180 und Blinker links im Dauereinsatz. Wer hat nun recht?

Ein gutes Argument sieht anders aus. Da es entgegen Scheuers Meinung eben doch gute Gründe für ein Tempolimit gibt – weniger CO_2 und mehr Verkehrssicherheit zum Beispiel –, musste schließlich das Totschlagargument schlechthin herhalten, die Extra-Power, die den Endgegner platt macht, die *Little Boy* und *Fat Man*[110] jeder Diskussion: die Freiheit! Die ist nämlich bedroht, wenn ein Tempolimit eingeführt werden würde, so der Tenor der Tempolimitgegner.

Mit der Freiheit kann man gut argumentieren. Denn wer ist schon gegen die Freiheit? Niemand. Die wird schließlich auch in der Nationalhymne besungen, nach der Einigkeit und dem Recht. Also lasst uns mehr Freiheit wagen! Gurtpflicht? Einschränkung der Freiheit! Weg damit! Alkoholverbot am Steuer? Einschränkung meiner Freiheit! Ich kann nach acht, neun Bier schließlich noch fahren! Also weg damit! Rote Ampeln? Schränken meine Freiheit ein! Einbahnstraßen? Schränken meine Freiheit ein! Tempo 30 vor Schulen? Einschränkung meiner Freiheit! Wenn die Kinder nicht rechtzeitig zur Seite springen, ist das schließlich nicht mein Fehler! Also weg damit!

---

110 *Little Boy* und *Fat Man* waren die Codenamen der beiden Atombomben, die am 6. und 9. August 1945 auf die japanischen Städte Hiroshima und Nagasaki abgeworfen wurden.

Ich könnte die Liste noch ewig weiterführen, doch schon diese kurze Aufzählung dürfte zeigen, dass sich mit Freiheit fast jeder Quatsch rechtfertigen lässt. Es gibt gute Gründe, die Freiheit in bestimmten Bereichen einzuschränken. Und der Verkehr ist einer davon. Wenn alle so fahren würden, wie sie wollten, gäbe es noch viel mehr Tote und Verletzte als jetzt schon. Allein in den vergangenen 20 Jahren ist die Zahl der Verkehrstoten um rund 60 Prozentpunkte gesunken von rund 8.500 auf fast 3.000 Todesopfer – auch weil die Freiheit durch das Recht eingeschränkt wurde.

Die Freiheit ist ein hohes und wichtiges Gut. Wir können froh sein, in einem der freiesten Länder der Welt zu wohnen. Wir sollten deshalb die Freiheit bewahren und nicht als Totschlagargument missbrauchen, wenn uns die Argumente ausgehen.

sensor #72; März 2019

Falk Fatal und die Meinungsfreiheit

„Jeder hat das Recht, seine Meinung in Wort, Schrift und Bild frei zu äußern und zu verbreiten und sich aus allgemein zugänglichen Quellen ungehindert zu unterrichten. Die Pressefreiheit und die Freiheit der Berichterstattung durch Rundfunk und Film werden gewährleistet. Eine Zensur findet nicht statt." So steht es seit 1949 im deutschen Grundgesetz[111], der Verfassung der Bundesrepublik Deutschland. Trotzdem gibt es überraschend viele Menschen in diesem Land, die behaupten, hier gebe es keine Meinungsfreiheit. Doch wie kommen die Leute auf so einen Schwachsinn? Das zu behaupten ist ähnlich absurd wie die Behauptung, dass die Erde hohl oder gar flach sei.

Mir ist zumindest noch nicht zu Ohren gekommen, dass Journalisten inhaftiert wurden, weil sie kritisch über Bundeskanzlerin Angela Merkel oder andere Repräsentanten des deutschen Staates berichtet hätten. Ich habe auch nicht mitbekommen, dass Bürger nur aufgrund einer kritischen Meinung zur Regierung verhaftet worden sind. Das soll nicht heißen, dass es immer wieder mal Fälle gibt, in denen der Staat oder einzelne Staatsorgane versuchen, die Presse- und Meinungsfreiheit einzuschränken. Aber im Großen und Ganzen sind die Verhältnisse noch weit von denen in der Türkei[112], Ungarn[113] oder Russland[114] entfernt.

Interessanterweise behaupten vor allem Menschen, die eher dem braunen Lager zuzuordnen sind, also der AfD und Co., dass es in Deutschland keine Meinungsfreiheit gibt. Aus diesem Lager kommt auch häufig der Vorwurf, in Deutschland gebe es Denkverbote, oder man würde sofort in die rechte Ecke gedrängt, wenn man die Regierung kritisiere.

Beide Behauptungen sind Quatsch und zeigen höchstens, dass bei denjenigen, die so etwas behaupten, eine gewisse Denkfaulheit vorherrscht. Denken darf man alles, niemand kann das verbieten.

---

111 Art. 5 GG Absatz 1
112 In der Rangliste der Pressefreiheit 2019 von Reportern ohne Grenzen wurde die Türkei auf Platz 157 (2022: Platz 149) geführt.
113 Ungarn belegte in derselbe Rangliste Platz 87 (2022: Platz 85)
114 Russland landete auf Platz 149 (2022: Platz 155).

Ob es aber immer klug ist, diese Gedanken auszusprechen, ist eine andere Frage, doch dazu gleich mehr.

In Deutschland darf selbstverständlich die Regierung kritisiert werden. Aber wenn man nicht in die rechte Ecke geschoben werden will, dann sollte man sich nicht rassistisch oder menschenfeindlich äußern. Ganz einfach. Aber selbst dann kann die eigene Meinung immer noch straffrei geäußert werden, wenn sie nicht gegen den 2. Absatz von Artikel 5 GG verstößt. Dieser lautet: „Diese Rechte finden ihre Schranken in den Vorschriften der allgemeinen Gesetze, den gesetzlichen Bestimmungen zum Schutze der Jugend und in dem Recht der persönlichen Ehre."

Mit anderen Worten: Solange die Meinung niemand beleidigt oder verleumdet, nicht volksverhetzend ist oder den Holocaust leugnet, darf sie straffrei geäußert werden, so schwer erträglich sie auch sein mag. Meinungsfreiheit ist aber keine Einbahnstraße. Andere Menschen dürfen diese Meinung kritisieren. Man nennt das auch Diskussion.

sensor #73; April 2019

Falk Fatal ist im Klimastreik

Die Jugend hat es nicht leicht. Egal, was sie macht: Immer wird auf ihr herumgehackt. Mal achtet sie das Alter nicht, wie eine 3000 Jahre alte babylonische Tontafel beklagt. Dann bezeichnet ein 2000 Jahre alter Keilschrifttext aus Chaldäa sie als heruntergekommen und zuchtlos. Sokrates beschimpfte die Kinder als Tyrannen, die den Luxus lieben und ihren Eltern widersprechen. Außerdem ist die Jugend von heute faul, dumm und hängt nur vor dem Smartphone herum. Interessiert sich die Jugend aber für ihre Zukunft und geht dafür freitags nicht in die Schule, sondern auf die Straße, ist es auch nicht in Ordnung. Die Jugend kann es den Volljährigen einfach nicht recht machen.

Seit einigen Monaten demonstrieren in immer mehr Ländern immer mehr Jugendliche (und mittlerweile nicht nur Jugendliche) immer freitags für einen besseren und radikaleren Klimaschutz[115]. Denn die Leidtragenden des Klimawandels werden die Jugendlichen von heute sein und nicht wir Volljährigen, die den Karren in den Dreck gefahren haben. Das bringt viele Menschen schwer in Rage. Aber nicht, weil unser Lebensstil dafür mitverantwortlich ist, sondern weil die Kids den Mund aufmachen. Statt die Jugendlichen anzuhören, wird mit „Die sollen gefälligst die Klappe halten"-Attitüde losgepoltert. Besorgte Jugendliche sind halt keine besorgten Bürger, sondern bestenfalls „jung und naiv." Berufspolitiker, die als Jugendliche ihren Parteien beigetreten sind, müssen es ja wissen[116].

„Wir müssen nichts ändern, die Chinesen sind viel schlimmer", ist ein weiteres beliebtes Argument – oft von Menschen, die gewöhnlich den Mainstream bekämpfen wie sonst nur den Leibhaftigen. Bleibt noch das sogenannte Schuleschwänzen. Das wäre sicher weniger schlimm, wenn von Montag bis Freitag nicht so viel Unterricht ausfallen würde. Doch auch so ließe sich bestimmt eine Lösung finden,

---

115 Unter dem Namen *Fridays for Future* demonstrierten in vielen westlichen Ländern Schülerinnen und Schüler immer freitags während der Schulzeit gegen den zu laxen Klimaschutz der westlichen Industrienationen.

116 So sprach der FDP Vorsitzende Christian Lindner via *Twitter* den „Kindern und Jugendlichen" die Fähigkeit ab, „globale Zusammenhänge, das technisch Sinnvolle und das ökonomisch Machbare" verstehen zu können. Dies sei etwas „für Profis".

die nicht aus Schulverweisen und Geldstrafen besteht. Dafür müssten wir den Jugendlichen aber zuhören. Denn die Profis[117] sagen: Die Kids haben recht.

In Wahrheit ist es doch so: Wir fahren mit Höchstgeschwindigkeit (ein Tempolimit wollen wir ja nicht) auf die Klippe zu. Doch wir bremsen nicht, in der Hoffnung, irgendwer wird schon eine Brücke gebaut haben, bis wir die Klippe erreichen. Die Hoffnung stirbt ja zuletzt. Auf der Rückbank die Jugendlichen, die schreien, wir sollen jetzt endlich auf die Bremse treten. Doch wir, total genervt, weil uns ein Chinese überholt hat, schnauzen sie an, sie sollen ihre dumme Klappe halten, wir müssen uns schließlich auf den Verkehr konzentrieren.

Die Frage, wer hier naiv ist, ist leicht beantwortet. Doch was noch alles passieren muss, damit der Fahrer auf die Jugendlichen hört, leider nicht.

sensor #74; Mai 2019

---

117 Es besteht wissenschaftlicher Konsens, dass sich die Erde erwärmt und hauptsächlich menschliches Handeln dafür verantwortlich ist.

Falk Fatal und die Zombies

Zombies waren früher vor allem B-Movie-Trash, den man in den Wühltischen von Videotheken fand. Heute ist das anders. *„The Walking Dead"* ist eine der beliebtesten Serien der vergangenen zehn Jahre. In *„World War Z"* suchte Brad Pitt einen Impfstoff gegen das Zombievirus. Und die Besetzung von Jim Jarmuschs bald anlaufender Zombie-Komödie *„The Dead Don't Die"* ist gespickt mit Hollywood-Größen.

Man kann sagen: Die Untoten haben sich in die Belle Etage der Film- und Fernsehunterhaltung vorgearbeitet. Nicht schlecht für Geschöpfe, die uns Menschen vernichten wollen. Aber es macht uns halt Spaß, unseren Untergang zu beobachten. Und das Beste daran: Dieses Vergnügen gibt es gratis! Wir brauchen dafür kein Streaming-Abo abzuschließen, müssen keine Kinokarten lösen, wir müssen nur täglich Nachrichten sehen, hören oder lesen.

Nehmen wir Donald Trump. Der wirkt wie eine fleischgewordene Simpsons-Karikatur, wie eine drastische Überzeichnung unserer Vorstellung eines narzisstischen Herrschers, und doch ist er der demokratisch gewählte Präsident der USA. Aber wir müssen gar nicht über den großen Teich blicken. Comedygold finden wir auch hierzulande. Ein kurzer Blick in den Bundestag genügt. Dort sitzen dank der sogenannten AfD Personen, denen hätte man früher nicht einmal die Kasse des Kleingärtnervereins anvertraut. Und doch repräsentieren sie einen nicht kleinen Teil der Bevölkerung, der totgehofften Schreckenskonzepten nachhängt, der mehr Nationalstaat, mehr Abschottung, mehr unter sich bleiben will; der Menschen nicht als Menschen begreift, sondern als Deutscher, als Türke, als Flüchtling, als Christ, als Moslem, als Hell- oder Dunkelhäutiger; für den die Menschheit ein Mikrowellenmenü ist, dessen Bestandteile fein säuberlich getrennt in ihren Plastikfächern liegen müssen und die nicht vermischt werden dürfen.

Das ist schade. Nicht nur, weil durch die strikte Trennung das eine oder andere Geschmackserlebnis verloren geht, sondern auch, weil wir uns die Zukunft verbauen. Wenn unser Blick nur noch bis zur nächsten Mauer reicht, sehen wir nicht mehr, was um uns herum passiert.

Wir sehen die Gefahr nicht mehr kommen, sondern bemerken sie erst, wenn sie vor der Haustür steht. Dann aber ist es zu spät.

Nehmen wir die Flüchtlinge als Beispiel. Wer wirklich will, das Deutschland keine Schutzsuchenden mehr aufnimmt, sollte aufhören, Kriege zu unterstützen und zu führen, sollte die Vernichtung unserer Lebensgrundlagen stoppen und dafür sorgen, dass wir gemeinsam die Probleme lösen, die unsere Existenz bedrohen. Ansonsten wird der Mensch, wie jedes andere Lebewesen auch, immer versuchen, den Flecken Erde zu erreichen, an dem die Überlebenschance am wahrscheinlichsten ist. Doch solange wir nicht die Mauern einreißen, die uns trennen, schauen wir weiterhin gespannt zu, wie *Rick Grimes*[118] ums Überleben kämpft, und haben Spaß daran.

sensor #75; Juni 2019

---

118 *Rick Grimes* ist eine der Hauptcharaktere der Comic- und Fernsehserie *The Walking Dead*.

Falk Fatal und der Frauenhass

Vor einigen Wochen wurden im *Schlachthof* bei einem Konzert des Wiesbadener Rappers Eno Besucherinnen sexuell belästigt. Das sorgte in der Öffentlichkeit zu Recht für Wut und Empörung. Für viele war es nicht verwunderlich, dass gerade bei solch einem Konzert Frauen sexuell belästigt werden. In der Tat haben Teile des Deutschraps ein Sexismus-Problem, und männliche Rapper fallen immer wieder mit besonders brutalen und widerlich-sexistischen Punchlines auf. Auch wenn das nicht so gemeint und eine Form des künstlerischen Ausdrucks sein sollte, wird es immer Männer geben, denen das nötige Abstraktionsvermögen fehlt. Zumal Deutschrap häufig seine vermeintliche Authentizität betont.

Aber natürlich greifen die Vorwürfe zu kurz, Künstler und Werk seien für die konkrete Belästigung verantwortlich und solch widerliches Verhalten gäbe es nur auf Rap-Konzerten. Das passiert Frauen auch auf Volksfesten, in Diskotheken, am Arbeitsplatz, im Schwimmbad, in Bahnhofsunterführungen, in der Fußgängerzone, in der Kneipe, eigentlich überall, wo auch Männer egal welchen Alters, welcher Nationalität oder Einkommensklasse sind. Es gibt vermutlich nur wenige Frauen, die in ihrem Leben noch nie sexuell belästigt oder mit sexistischem Verhalten konfrontiert worden sind.

Ich erinnere an die #MeToo-Debatte[119]. Die ist zwei Jahre alt. Oder etwas älter, die Diskussion um #aufschrei[120]. Auslöser war jeweils männlicher Machtmissbrauch: Jedes Mal meldeten sich viele Frauen zu Wort und berichteten von ähnlichen Erfahrungen. Um Rap ging es da nur am Rande. Deshalb sind Textzeilen wie „Mit 200 PS nehm' ich jede Puppe genau unter die Lupe, ist sie prüde, öl' ich ihr Getriebe mit viel Liebe"[121] oder „Ich fick dich so tief in dein Loch, dass

---

119 Im Zuge des Sex-Skandals um den Hollywood-Produzenten Harvey Weinstein berichteten auf *Twitter* unter dem Hashtag #metoo zahlreiche Frauen über ihre Erfahrungen mit sexuellen Belästigungen und Übergriffen.

120 Unter dem Hashtag #aufschrei berichteten im deutschsprachigen Raum Frauen vor allem bei *Twitter* über ihre Erfahrungen mit Sexismus und sexueller Belästigung. Auslöser dafür war das sexistische Verhalten des FDP-Politikers Rainer Brüderle gegenüber einer jungen Journalistin des Magazins *Stern* gewesen.

121 Textzeile aus dem Lied „Cruisen" der Hip-Hop-Gruppe Massive Töne.

mein Schwanz mit deinen Rippen flirtet"[122] zwar abstoßend, aber auch ein besonders drastischer Ausdruck eines noch immer herrschenden gesamtgesellschaftlichen Sexismus.

Das soll nicht heißen, dass es keine Erfolge im Kampf gegen Frauenfeindlichkeit gibt. Und auch nicht, dass alle Männer Schweine sind. Aber noch immer wird alle zwei bis drei Tage eine Frau von ihrem Partner oder Ex getötet, noch immer werden täglich knapp 80 Frauen sexuell belästigt, genötigt oder vergewaltigt – und noch immer kommt knapp die Hälfte der männlichen Täter aus dem engsten Familien- und Bekanntenkreis. Nicht zu vergessen der immer noch existierende Gender Pay Gap[123], die sexistischen Sprüche und Anmachen sowie die Ungleichbehandlungen gegenüber Männern, denen Frauen ausgesetzt sind. Dafür sind keine sexistischen Punchlines, kein Eno und auch kein Deutschrap verantwortlich, sondern wir Männer. Der eine mehr, der andere weniger. Es liegt an uns, dass auf die Gleichstellung auch die Gleichbehandlung folgt.

sensor #76; Juli/August 2019

---

122 Textzeile aus dem Lied „LMS" des Rappers Kool Savas.
123 Der Gender Pay Gap beschreibt die Lohnlücke zwischen Männern und Frauen bei gleichen Tätigkeiten.

Falk Fatal und das „Nie wieder"

Wer sich nur ein wenig mit dem sogenannten Dritten Reich beschäftigt, stößt irgendwann an die Frage: Wie konnte das passieren? Natürlich, viele kluge Wissenschaftler, Soziologen oder Historiker haben sich über diese Frage Gedanken gemacht. Und sie haben viele richtige und treffende Antworten gefunden. Doch die eine alles erklärende Antwort, die das Unbegreifliche erklärt, wie eigentlich vernunftbegabte Wesen dieser offensichtlichen Witzfigur Adolf Hitler und seiner menschenfeindlichen Ideologie verfallen konnten, haben auch sie nicht gefunden.

Ich glaube, wir werden gerade Zeuge, wie so etwas Unerklärliches passieren kann.

Das kann passieren, wenn Menschen die Tatsache, dass der Weihnachtsmarkt seit 2002 Sternschnuppenmarkt heißt, als Zeichen für die Kapitulation vor einer angeblichen muslimischen Invasion werten. Das kann passieren, wenn Rassismus plötzlich als „Das-wird-man-ja-wohl-noch-sagen-dürfen" um die Ecke kommt und wenn Menschen endlich wieder „N…kuss" und „Mohrenkopf" sagen wollen. Das kann passieren, wenn Kitas Schweinefleisch nicht mehr von ihrem Speiseplan verbannen können, ohne dass deren Angestellte mit Todesdrohungen rechnen müssen. Das kann passieren, wenn sich konservativ gebende Politiker alle Skrupel über Bord werfen, nur um sich in der angeblichen Alternative lukrative Pöstchen sichern zu können. Es passiert, wenn die Lüge die Wahrheit ersetzt, wenn die Wissenschaft verdammt wird und wenn Journalisten, die Fakten präsentieren, dafür büßen sollen.

Das kann passieren, wenn eine Menschenmenge auf einem deutschen Marktplatz auf das Kentern eines Flüchtlingsboots im Mittelmeer mit einem „Absaufen, absaufen" reagiert. Das kann passieren, wenn ein deutscher Politiker erschossen wird, nur weil er hilfsbereit war[124]. Wenn der Mordversuch an einem hier schutzsuchenden Menschen mit einem „selbst schuld" kommentiert wird. Wenn um einen toten Menschen nur noch getrauert wird, wenn

---

124 Der Kasseler Regierungspräsidenten Walter Lübcke (CDU) wurde am 1. Juni 2019 vor seinem Haus von einem Rechtsextremisten erschossen.

es ein Bio- Deutscher ist, wenn ein Gewaltverbrechen nur für Wut und Empörung sorgt, wenn kein Bio-Deutscher der Täter war. Wenn Antifaschismus wieder ein Verbrechen sein soll, wenn rechtsextremer Terror mit einem, „aber die Linken sind ja auch nicht besser" verharmlost wird, obwohl es hierzulande zurzeit nachweislich keinen linken Terrorismus gibt. Wenn es den Menschen nur noch darum geht, dass andere es schlechter und nicht mehr alle besser haben.

Wir müssen nicht in die Vergangenheit blicken, um zu kapieren, wie eine hasserfüllte Ideologie immer mehr um sich greift und sich wieder anschickt, die Welt ins Verderben zu führen, wir müssen uns nur umblicken. Es liegt an uns, an allen, die die Würde des Menschen wirklich für unantastbar halten, dem wieder erstarkenden Faschismus entschlossen entgegenzutreten, damit dass „Nie wieder" ein „Nie wieder!" bleibt.

sensor #76; September 2019

Falk Fatal ist unter Wölfen

Es hat ein Weilchen gedauert, der Wolf der Straße hat gewartet, er hat sich Zeit gelassen und auf den richtigen Moment gelauert, doch jetzt hat er es endlich nach Wiesbaden geschafft! Das Tier[125] ist hier. Man kann es mieten. Per App. Seit knapp acht Wochen sieht man allerorten Andrea, Mustafa und Sepp mit ihren E-Scootern durch die Stadt brausen. Sieht man sie mit einem Affenzahn über die Straßen, Bürgersteige und Radwege sausen, endlich öko und mobil und elektrisch angetrieben. Das sind die Füße nicht, um die zu heben und zu bewegen, braucht es Muskelkraft und natürlich die Bereitschaft, ein paar Minuten mehr zu investieren.

Volkes Seele zürnt. Der moderne Kram ist ihr fremd. Es wird geklagt und geschimpft, über achtlos abgestellte E-Roller die Nase gerümpft. Und an die Straßenverkehrsordnung halten die sich sowieso nicht. Erst neulich flitzte einer über die Ampel. Bei Rot! Schon rufen die Ersten: Verbot! Verbot!
Der Fahrradfahrer lehnt sich derweil entspannt zurück. Vielleicht sogar ein wenig amüsiert. War er es doch bislang, dem das Lamento galt. Zwar fahren ihn die Autos weiterhin tot. Doch von Volkes Zorn bleibt er vorerst verschont. Der gilt den Wölfen der Straße und denen in der Lausitz[126].
Dort will man sie wieder schießen. Und im Rest von Sachsen gleich mit. Da waren Wahlen und der Wolf ein ernstes Thema. Der tötet Tiere, die sonst im Schredder landen! Dieser gemeingefährliche Immigrant aus dem Osten, der nur hierherkommt, um unsere Schafe zu reißen! Eigentlich waren sie hier ja ausgestorben. Das war wirklich schlimm. Der Wolf, er soll doch leben, nicht hoch und auch nicht hier, sondern weit fort, am besten dort, wo er herkam, das Tier. Es ist doch sonst nur eine Frage der Zeit, bis etwas passiert. So spricht das Volk beziehungsweise die Menschen, die sich dafür halten.

So weit ist es mit dem E-Scooter noch nicht gekommen. Dergleichen hat man nicht vernommen. Niemand will den Wolf der Straße

---

125 Tier ist der Name des Anbieters, der als erstes ein E-Scooter-Leihsystem in Wiesbaden installierte.
126 In der Lausitz soll es rund 300 wilde Wölfe geben.

erschießen. Ihn im Rhein versenken tut es auch. Oder mit dem Vorschlaghammer richtig drauf. Und ökologisch sind die sowieso ganz großer Schrott.

Aber mal ganz ehrlich, mein Gott, muss man alles immer dramatisieren? Warum kann man den Straßenverkehr nicht so organisieren, dass alle ihren Platz finden? Wenn sich alle nur ein bisschen zivilisieren? Dann sollte das doch nicht so schwer sein. Aber vermutlich lernt eher ein Schwein fliegen und *Schalke 04* wird die Meisterschale kriegen, als dass der Wolf seinen Platz findet in der Stadt und im Wald und auf den Wiesen. Man wird ihn über kurz oder lang einfach erschießen.

sensor #78; Oktober 2019

Falk Fatal sucht Raum für Kunst

Kunst braucht Raum, um sich entfalten zu können. Fehlt der Raum, leidet die Kunst. Denn bevor ein Kunstwerk in der Galerie oder im Museum ausgestellt wird oder die Musiker*innen die Bühne betreten, muss das Bild gemalt, die Skulptur aus dem Stein geschlagen oder das Stück geschrieben und geprobt werden. Denn jede Kunst, ob bildende, schreibende oder musikalische, ist vor allem eins: Arbeit. Das Talent muss immer wieder trainiert und herausgefordert werden, damit etwas entsteht, das uns zum Staunen bringt, zu Tränen rührt oder uns in Begeisterung versetzt. Die Tage, Wochen, Monate oder gar Jahre, die unzähligen Fehlversuche, die zerrissenen Leinwände, die zerknüllten Blätter, die verworfenen Gitarrenriffs, die es braucht, um das Kunstwerk fertigzustellen, brauchen Raum. Raum zum Probieren, zum Üben und natürlich auch zum Scheitern.

Doch in einer wachsenden Stadt wie Wiesbaden wird der Raum zusehends knapp. Möglichst jeder nicht kommerziell genutzte Quadratmeter wird entwickelt für noch mehr Profit. Diese Knappheit treibt weiter den Preis. Für Kunst ist dann selten Platz. Denn die meiste Kunst ist – unter ökonomischen Gesichtspunkten betrachtet – brotlos. Auf jeden Jeff Koons oder Sydney Pollock kommen Millionen Künstler*innen, die am Existenzminimum leben und sich mit Gelegenheitsjobs durchschlagen. Die Raumfrage ist in vielen Fällen auch eine ökonomische Frage. Raum muss man sich leisten können. Die meisten Künstler*innen – sei es, weil sie am Anfang stehen und noch keinen Namen haben oder weil ihre Kunst sich dem Mainstream verweigert – können das nicht.
   Doch wenn Kunst mehr sein soll als gefällige Wandbemalung oder Hintergrundbeschallung, dann darf sich Kunst nicht der Marktlogik unterwerfen müssen, um existieren zu können. Dann muss die Gesellschaft dafür sorgen, dass Kunst ihren Raum findet, auch wenn das angesichts der aktuellen Lage schwierig ist. Kreativität ist also gefragt.

Trotz aller Raumnot gibt es auch in Wiesbaden leer stehende Gebäude oder Flächen. Warum diesen Leerstand nicht für Künstler*innen zur Zwischennutzung freigeben? Diese haben einen

Raum, gleichzeitig schützen sie die Immobilie vor Verfall und die Eigentümer bleiben nicht auf den Kosten sitzen.

Klingt naiv? Vielleicht. In Mainz wird genau das versucht. Der Verein „Schnittstelle 5" vermittelt zwischen Eigentümer*innen und Künstler*innen, damit leer stehende Flächen und Gebäude für begrenzte Zeit von sozialen und kulturellen Projekten genutzt werden können[127]. Zuletzt wurde ein Leerstand an der Großen Bleiche an eine Ateliergemeinschaft zur Zwischennutzung vermittelt. Das „Peng"[128] nutzt immer wieder Räumlichkeiten zur Zwischenmiete. Das löst natürlich nicht alle Raumsorgen, aber es wäre ein Anfang. Und wenn das auf der der ‚ebsch Seit' funktioniert, warum dann nicht auch in Wiesbaden?

sensor #79; November 2019

---

127 Kurz nach Veröffentlichung dieser Kolumne löste sich der Verein Schnittstelle 5 leider auf.

128 PENG - Gesellschaft zur Förderung von Design, Kunst und Kommunikation e.V. ist ein Verein, der mittlerweile seit 16 Jahren besteht und immer wieder leerstehende Räume in Mainz für seine Kulturaktivitäten nutzt.

Falk Fatal teilt gerne

„Sharing ist caring", heißt es ja gerne. Besonders jetzt zu dieser Jahreszeit – zwischen Sankt Martin und Weihnachten – wird das Teilen viel gefeiert. Schade nur, dass vor allem die Menschen, die das christlich-jüdische Abendland verteidigen wollen, gerade diese christliche Eigenschaft gerne vergessen. Denn grundsätzlich ist Teilen schwer angesagt. Besonders bei gewissen altruistisch veranlagten Eltern, die ihre Kinder nicht impfen lassen wollen, damit die kleinen Blagen ihre Masern schön mit den anderen Kindern aus der Kita teilen. Die können doch sonst keine Antikörper bilden. Sharing ist schließlich caring!

Aber es werden auch ganz praktische Dinge geteilt. Ausgelatschte Opa-Lederschuhe, Deichmann-Sneaker und mundbemalte Seidenschals aus der Behindertenwerkstatt. Diese liegen dann tagelang vor Mehrfamilien-Altbauten im *Westend* in alten Pappkartons, auf deren Laschen mit Edding „Zum Mitnehmen" geschmiert ist.

Auch Bücher findet man oft. Dann und wann muss schließlich auch der Dichter und Denker sein Regal aufräumen, und da Bücher wegschmeißen irgendwie falsch wirkt, stellt man den Bums halt auf die Gass'. Konsalik, Elisabeth George oder Ken Follet finden so neue Leser*innen. Außerdem lernt man seine Nachbarschaft besser kennen.

Was macht zum Beispiel die Person, die sich vom „BASIC Programming: A Structured Approach" getrennt hat, heute? Programmiert sie nun in C++ oder Phyton? Oder hat sie die Coderei an den Nagel gehängt?

Oder warum trennt sich jemand von seinem „Kochen mit Innereien"-Kochbuch? Hat Attila Hildmann[129] Jumbo Schreiner[130] als persönlichen Ernährungspapst abgelöst? Oder ist die Sorge um das Tierwohl so groß, dass nun Tofu statt Niere auf dem Teller landet?

---

129 Zum Zeitpunkt der Kolumne war Attila Hildmann vor allem als Vegankoch bekannt und noch nicht als irrer Verschwörungsgläubiger und Rechtsextremist, als der er sich einige Monate später outen sollte.

130 Jumbo Schreiner ist vor allem dadurch bekannt, dass er sich im Fernsehen dabei filmen lässt, wie er riesige Mengen an fettigen Fast-Food-Speißen verschlingt.

Und wer ist der Typ, der eine Original-VHS-Kassette[131] von „Liebesgrüße aus der Lederhose"[132] verschenkt? Und vor allem warum? Hat es sich ausgejodelt in der Lederhose? Es gibt aber auch immer wieder interessante Bücher zu entdecken. Zum Beispiel weiß ich jetzt, dass Hitler 1945 keinen Selbstmord in seinem Führerbunker beging, sondern nach Argentinien floh und dort nicht nur Rinderwirt wurde, sondern auch Diego Armando Maradona zeugte. Okay, Letzteres habe ich mir ausgedacht. Das davor stand wirklich in „Hitler überlebte in Argentinien".

Manchmal treibt das Teilen jedoch seltsame Blüten. Neulich stand doch tatsächlich ein kompletter Unterfahrschutz eines Fiat Panda am Straßenrand. Darauf ein gelbes Post-it: „Zum Mitnehmen". Tags drauf war das Ding trotzdem weg. Sharing ist caring: Den einen schafft es Platz im Keller, die anderen können es gebrauchen. Schade, dass wir dieses Prinzip meistens nur auf unseren Müll anwenden und nicht generell in unserem Leben. Kommt gut ins neue Jahr!

sensor #80; Dezember 2019/Januar 2020

---

131 Lange vor Netflix und der DVD gab es ein analoges Medium zum Binge-Watching: die VHS-Kassette. Das Tolle an diesem Medium: Man konnte damit nicht nur vier Stunden am Stück Alf schauen, man musste die vier Stunden Alf vorher auch aus dem Fernsehen aufnehmen.

132 Heutzutage ist das schwer vorstellbar, aber es gab einmal eine Zeit, die frühen 1970er-Jahre um genau zu sein, in der es als erotisch galt, Schnäuzer tragende Männer in bayrischen Lederhosen dabei zu beobachten, wie sie barbusigen Frauen in heruntergelassenen Dirndln an die Brüste fassen. Dank des aufkommenden Privatfernsehens fanden Filme wie „Liebesgrüße aus der Lederhose", „Unterm Dirndl wird gejodelt" oder „Wo der Wildbach durch das Höschen rauscht" Ende der 1980er- und 1990er-Jahre ein kurzlebiges Comeback.

Falk Fatal und die Goldenen Zwanziger

Das ist nicht nur die erste Kolumne des neuen Jahres, nein, sondern auch des neuen Jahrzehnts. Die erste Kolumne in den Roaring Twenties. Endlich leben wir in einem Jahrzehnt, das man vernünftig bezeichnen kann. Schluss mit Verrenkungen wie den Nuller- oder Zehnerjahren. Wir leben jetzt in den Zwanzigern! Und da werden natürlich Erinnerungen wach. An die Goldenen Zwanziger des vorigen Jahrhunderts, an diese kurze Zeitspanne zwischen zwei Weltkriegen und Wirtschaftskrisen. An die Erfindung des Penicillins und des Fernsehens, die Entdeckung des Insulins und des Plasmas, an die Emanzipation der Frau, die in jener Zeit weit voranschritt.

Gut, wir waren nicht dabei, das meiste haben wir bei „Babylon Berlin"[133] oder Guido Knopp[134] aufgeschnappt, manches vielleicht auch in Büchern gelesen.

Welche Errungenschaften werden unsere Zwanziger hervorbringen? Das selbstfahrende Auto? Intelligente Roboter? Saubere Energiegewinnung? Ein Leben in der Virtual Reality? *CityBahn*-Gegner*innen, die mit einem roten Doppeldeckerbus durch Wiesbaden kurven, um gegen die Bahn zu trommeln? Denkbar ist alles. Aber bis auf den Bus werden wir vermutlich nichts dergleichen im neuen Jahrzehnt erleben. Zwar nimmt der technische Fortschritt auch mal zwei Treppenstufen, doch das wird nicht reichen. Für das selbstfahrende Auto bräuchten wir ein Tempolimit, damit es mit dem nicht-selbstfahrenden Verkehr klarkommt. Aber eher geht ein Kamel durch ein Nadelöhr, als dass ein deutscher Verkehrsminister ein Tempolimit auf Autobahnen beschließen wird. Und das ist ein weiterer (im globalen Maßstab sehr kleiner) Grund, warum die Klimakatastrophe immer greifbarer und zu dem bestimmenden Thema des Jahrzehnts werden wird.

Während ich diese Zeilen schreibe, brennt Australien[135]. Mehr als eine Milliarde Tiere sind bislang gestorben. Koalas sind praktisch

---

133 Babylon Berlin ist eine deutsche Fernsehserie, die im Berlin der 1920er-Jahre spielt.

134 Guido Knopp ist ein deutscher Dokumentarfilmer, der mit Dokumentationen wie „Hitler – Eine Bilanz", „Hitlers Helfer I", „Hitlers Helfer II", „Hitlers Krieger", „Hitlers Kinder", „Hitlers Frauen und Marlene", „Sie wollten Hitler töten" und „Hitlers Manager" das Hitlertainment salonfähig gemacht hat.

135 Anfang 2020 wurde Australien von schlimmen Wald- und Buschbränden heimgesucht.

ausgestorben. Bis sich die Natur von diesem Brand wieder erholt, wird es vierzig bis fünfzig Jahre dauern – wenn sie sich überhaupt erholen kann.

Eigentlich wäre spätestens jetzt der Zeitpunkt zu einer radikalen Abkehr der bisherigen Wachstumsideologie. Es wäre stattdessen Zeit für weltweite Solidarität und nicht für Streit und Krieg. Doch unser kleinkariertes Festhalten an Partikularinteressen wird das nicht zulassen. Wir sollten deshalb mehr in die Forschung der Virtual Reality investieren. Denn bald bleibt uns nichts mehr anderes übrig als eine VR-Brille zu tragen und ein *Second Life*[136] zu imaginieren, wenn wir grüne Wiesen und schneebedeckte Berggipfel sehen wollen. Und wenn wir dann beim Gletscherspaziergang einem Koala begegnen, wissen wir wenigstens: Das ist nur ein Fehler in der Matrix.

sensor #81; Februar 2020

---

136 *Second Life* ist eine virtuelle Welt, heutzutage würde man Metaversum dazu sagen, die von seinen Nutzern gestaltet wird und in der Menschen durch Avatare interagieren, spielen, Handel betreiben und anderweitig kommunizieren können.

Falk Fatal und der Antikommunismus

In Thüringen hat sich der FDP-Politiker Thomas Kemmerich zum Ministerpräsidenten wählen lassen[137]. Das konnte nur gelingen, da die völkisch-nationalistische AfD als Mehrheitsbeschaffer diente. Kemmerich ist der erste Nachkriegs-Ministerpräsident von faschistischen Gnaden. „Skandal" rufen die einen zu Recht. „Das ist ein demokratischer Sieg der politischen Mitte über den Extremismus", sagt ein kleiner konservativer Teil. Komischer Sieg, wenn man dafür die Stimmen von eben jenen Extremisten braucht, gegen die man angeblich die Demokratie verteidigen will. Oder frei nach Phyrros I.: „Noch so ein Sieg, und wir sind verloren."

Aber zurück zu den Konservativen. Deren angebliches Eintreten gegen Extremismus jeder Art ist bei genauer Betrachtung nur ein pathologischer Antikommunismus, dem das einstige Feindbild abhandengekommen ist und der in seinem blinden Hass gegen links auch kein Problem damit hat, die liberale Gesellschaft zu opfern. Fast hat man den Eindruck, manche dieser konservativen Kommentatoren sind traurig, dass es die RAF und die Sowjetunion nicht mehr gibt. Deshalb muss jetzt die Linkspartei als kommunistisches Schreckgespenst herhalten, wegen ihrer Vergangenheit und einigen Mitgliedern, die noch immer der DDR nachtrauern.

Lustig an diesen Vorwürfen ist, dass sie meist von Politiker*innen kommen, die in einer Partei mit Werteunion sind und in der ranghohe Nazis nach dem Zweiten Weltkrieg Karriere machen, Ministerpräsident von Baden-Württemberg oder sogar Bundeskanzler werden konnten – solange sie nur Antikommunisten waren.

Exemplarisch für diese Antikommunisten ist ein Kommentar des Wiesbadener CDU-Lokalpolitikers Bernhard L. auf *Facebook*. Dort schrieb er: „Da ist es besser, ein lupenreiner Demokrat wird mit den Stimmen Angezweifelter zum Ministerpräsidenten gewählt als ein Angezweifelter mit den Stimmen lupenreiner Demokraten."

---

137 Nach der Landtagswahl in Thüringen 2019 konnte keine etablierte Regierungskoalition eine Mehrheit erlangen, woraufhin der FDP-Politiker Thomas Kemmerich es für eine gute Idee hielt, sich am 5. Februar mit Stimmen der CDU, FDP und der sogenannten AfD zum Ministerpräsidenten wählen zu lassen. Die FDP hatte bei der Wahl exakt fünf Prozent der Wählerstimmen erhalten. Vier Tage später trat Kemmerich als Ministerpräsident zurück und blieb bis zur Neuwahl geschäftsführend im Amt.

Mit dem Angezweifelten ist Bodo Ramelow gemeint, bislang beliebter Ministerpräsident in Thüringen, dem das Bundesverfassungsgericht attestierte, keiner antidemokratischen Bestrebungen verdächtig zu sein. Mit den Angezweifelten ist die sogenannte AfD gemeint, deren thüringischer Landesvorsitzender gerichtsfest als Faschist bezeichnet werden darf[138].

Jahrelang galt der Konsens, mit Faschisten keine Politik zu machen. Für einen Teil der Konservativen hat dieser Konsens keinen Bestand mehr. Wird dieser Teil größer, werden die Folgen dramatisch sein, denn wie Ruprecht Polenz[139] jüngst richtig feststellte: „Die Faschisten sind dort, wo sie an die Macht gekommen sind, immer nur an die Macht gekommen, wenn die Konservativen ihnen dazu die Plattform geboten haben."

sensor #82; März 2020

---

138 Das Verwaltungsgericht Meinigen kam in einem Eilverfahren zu dem Schluss, dass eine Vielzahl von Indizien vorgebracht wurden, die in ausreichendem Umfang glaubhaft gemacht haben, dass ein Werturteil wie Faschist nicht aus der Luft gegriffen sei, sondern auf einer überprüfbaren Tatsachengrundlage beruhte. (VG Meiningen, 26.09.2019, Az. 2 E 1194/19 Me)
139 Ruprecht Polenz ist ein deutscher CDU-Politiker, der unter anderem von 1994 bis 2013 Mitglied des Deutschen Bundestags war, und heutzutage bei *Twitter* aktiv ist.

Falk Fatal im Corona-Shutdown

In einer ersten Version dieser Kolumne wollte ich mich über die Corona-Hysterie lustig machen. Über die Hamsterkäufe der Menschen, die ihren SUV jetzt auf der Straße parken, um die Garage mit Klopapier und Nudeln zu füllen. Wollte positiv hervorheben, dass sich dank Corona Männer endlich die Hände waschen und das Klima profitiert, weil die CO_2 -Belastungen sinken, wenn das öffentliche Leben zum Erliegen kommt. Das war vor einer Woche – kurz bevor Italien das gesamte Land unter Quarantäne gestellt hat.

Jetzt am 15. März ist der Spaß einem Galgenhumor gewichen, der sich fragt, warum so viele Menschen vor allem Toilettenpapier wie verrückt horten. Zur Not tut es doch auch ein Waschlappen oder man spült sich das Arschloch schnell in der Dusche aus (was eigentlich die hygienischste Variante ist).

Was wir gerade erleben, ist eine Naturkatastrophe in Zeitlupe. Das öffentliche Leben ist weitgehend lahmgelegt. Die halbe Welt macht den Laden dicht und geht auf Betriebsferien. Ab heute für unbestimmte Zeit geschlossen. Wir hoffen, bald wieder öffnen und dann einfach weitermachen zu können. Doch ich glaube, wir werden danach nicht weitermachen können wie bisher. Es ist ja noch nicht einmal klar, wann wir den Laden wieder öffnen können. Deshalb sollten wir nicht einfach so weitermachen, sondern die richtigen Lehren aus dem Outbreak ziehen.

Wir sollten endlich aufhören, den neoliberalen Hasspredigern zu glauben, die meinen, der Markt wird es schon richten. Der Markt hat es gerichtet, und den Krankenhäusern fehlen jetzt die Kapazitäten, um mit dem erwarteten Ansturm an Patienten klarzukommen. Es wird offensichtlich, dass Lohnfortzahlung im Krankheitsfall keine dumme Idee ist. Und dass Fakten die Realität machen und nicht unser Wunschdenken.

Diese Pandemie macht dreierlei deutlich: Wir sind alle gleich. SARS-CoV-2 unterscheidet nicht nach Herkunft, Hautfarbe, Religion oder Einkommenshöhe[140]. Unsere Grenzen sind, was sie letztendlich

---

140 Kritische Anmerkung des Autors: Selbstverständlich haben Herkunft, Hautfarbe, Religion oder Einkommenshöhe eine große Rolle dabei gespielt, wie sehr man von den Maßnahmen betroffen war. Zum Zeitpunkt des Erscheinens der Kolumne war ich etwas naiv.

immer waren und sind: imaginäre Linien. SARS-CoV-2 lässt sich nicht von Zäunen, Mauern oder Grenzschutzbeamten aufhalten. Und SARS-CoV-2 zeigt, dass es Gefahren gibt, denen wir alle schutzlos ausgeliefert sind (zu denen auch der Klimawandel gehört). Diesen können wir nur mit Wissenschaft, Schulmedizin, internationale Zusammenarbeit und Solidarität trotzen und nicht mit den Lügen, der Kleinstaaterei und Hetze der Populisten und Faschisten von AfD und Co.

Es liegt an uns, was wir aus dieser Pause machen: Werden wir uns danach zerfleischen oder werden wir gemeinsam und solidarisch versuchen, den Karren aus dem Dreck zu ziehen und die Welt zu einem besseren Platz für alle zu machen? Ich fürchte Ersteres und hoffe auf Letzteres.

sensor #83; April 2020

Falk Fatal und die Einsteiger

Als Kind schaute ich gerne den Film „Die Einsteiger". Eine platte 80er-Jahre-Komödie mit Thomas Gottschalk und Mike Krüger in den Hauptrollen. In diesem erfindet Mike eine Fernbedienung, mit der die beiden Supernasen[141] Teil der Handlung eines Videofilms werden können. Sie „steigen" in den Film ein. Die Vorstellung fand ich wunderbar und wünschte mir, dass es solch eine Erfindung auch in echt geben möge. Endlich wie Luke Skywalker mit dem X-Wing in das Innere des Todessterns vorstoßen. Anschließend den Mittelpunkt der Erde erkunden und dann mit Michael J. Fox zurück in die Zukunft düsen. Herrlich.

Ich glaube, mein Wunsch hat sich erfüllt. Irgendjemand hat diese Fernbedienung erfunden und uns heimlich in einen Katastrophenfilm gebracht.

Die Handlung begann zum Jahrtausendwechsel. Y2K[142] hatte sich nicht bestätigt und alle feierten die neue Zeit. Doch dann kamen 9/11, der Krieg in Afghanistan, der Tsunami in Thailand, die Terroranschläge in Madrid und in London. Der Krieg im Irak. SARS. Die Terroranschläge in Mumbai. Der Israel-Palästina-Konflikt eskalierte. Schweinegrippe. Finanzkrise. Arabischer Frühling. Der Syrien-Krieg. Terroranschläge in Paris. Russland marschierte in Georgien ein. Immer wieder neue Naturkatastrophen. Krieg in Libyen. Immer mehr Hass auf *Facebook* und *Twitter*. Russland attackierte die Ukraine. Der Amazonas brennt. Der Krieg im Jemen. Flucht und Vertreibung. Noch mehr Terroranschläge. In Berlin, in Christ-Church, in Halle, in Hanau. In Australien brennt der Busch. Und dann kommt CoViD-19.

Hier setzt die eigentliche Handlung ein.

---

141 In den 1980er-Jahren war vieles möglich, zum Beispiel dass Thomas Gottschalk und Mike Krüger deutschen Kinobesitzern mit ihren vier gemeinsamen Filmen „Piratensender Powerplay", „Die Supernasen", „Zwei Nasen tanken super" und die „Die Einsteiger" volle Kassen bescheren konnten.

142 Vor dem Jahrtausendwechsel wurden Befürchtungen laut, viele Computer und Mikroprozessoren würden den Sprung ins neue Jahrtausend nicht schaffen, da sie anstelle des 1. Januar 2000 den Beginn des Jahres 1900 anzeigen würden. Die befürchteten Folgen reichten von Flugzeugabstürzen, stehenbleibenden Fahrstühlen, versagenden Telefonen bis hin zu fehlerhaften Raketenabwehrsystemen. Manche Schwarzseher prophezeiten gar den Zusammenbruch der Zivilisation. Wie wir heute wissen, kam es dann doch ein wenig anders.

Die Welt befindet sich im Lockdown. Der Virus wütet. Doch es gibt einen unerschrockenen Helden. Ein adretter und sportlicher Virologe, der die Welt vor dem Killervirus retten will. Doch er hat Widersacher. Dunkle Gestalten, sogenannte Wodargs, die unseren Helden diffamieren und seine wissenschaftlichen Erkenntnisse negieren wollen. Unterstützt werden die Wodargs von sinistren Trumptatoren und Orbanisten.

Doch unser Held kämpft nicht allein. Ein kleiner, knorriger Fauci aus den USA, sozusagen der Yoda der Immunologie, steht unserem Helden zur Seite. Doch wie lange noch? Ein orange-gesichtiger Imperator, der sich von Adrenochrom[143] ernährt, will ihm an den Kragen – wegen der Wirtschaft und der Zustimmungsraten.

Doch wie wird es weiter gehen?

Wird unser Held die Welt retten? Oder werden die dunklen Mächte siegen? Der Film verspricht, richtig gutes Popcorn-Kino zu werden. Viel Drama, viel Leid, aber natürlich auch viele heroische Momente. Trotzdem würde ich jetzt lieber zu einem langweiligen Chick Flick switchen. Blöd nur, dass wir die Fernbedienung verlegt haben.

sensor #84; Mai/Juni 2020

---

143 Adrenochrom ist ein Stoffwechselprodukt des Adrenalins und an der Bildung des Hautpigments (Melanin) beteiligt. Wie wir mittlerweile wissen, nutzt vor allem Donald Trump eine Adrenochrom-haltige Hautcreme, die für seinen typischen orangefarbenen Teint sorgt.

Falk Fatal zieht Corona-Bilanz

Vor etwas mehr als einem halben Jahr waren die ersten Berichte über ein neuartiges Virus zu lesen, das im fernen China ausgebrochen ist. Die Wenigsten nahmen hierzulande wirklich Notiz davon. Erst als am 21. Januar bestätigt wurde, dass eine Übertragung von Mensch zu Mensch möglich ist, China die ersten Lockdown-Maßnahmen verhängt hat und kurz darauf in Europa die ersten Fälle gemeldet wurden, war es hierzulande wirklich ein Thema. Knapp einen Monat später riegelte Italien seine Städte im Norden ab, und spätestens als Anfang März Heinsberg[144] unter Quarantäne gestellt wurde, hatte die Pandemie auch Deutschland vollends erreicht.

Es folgten verschiedene Schutzmaßnahmen, die das öffentliche Leben und die Wirtschaft zum fast vollständigen Erliegen brachten. Die Einschränkungen waren im Vergleich zu anderen Ländern zwar deutlich milder, halfen aber, die Verbreitung des Virus einzudämmen. Das zeigt auch der Vergleich mit Ländern, in denen Faschisten wie Trump und Bolsonaro oder Populisten wie Johnson regieren. Dort hat das Virus deutlich mehr Menschen das Leben gekostet als in Ländern, in denen die Regierenden Wissenschaft nicht als Teufelszeug betrachten. Nicht wenige hofften anfangs, dass diese Krise letztendlich dazu führen würde, den seit Jahrzehnten stattfindenden neoliberalen Rollback aufzuhalten. Plötzlich wurde deutlich, wie wichtig für die Gesellschaft Berufe sind, die früher als „Bullshit-Jobs" bezeichnet worden waren. Plötzlich wurden eine bessere Bezahlung und Ausstattung von Pfleger*innen gefordert, wurde für sie jeden Abend applaudiert.

Für einen Wimpernschlag sah es so aus, als würden wir aus der „Corona-Scheiße" etwas lernen. Doch bevor das zarte Pflänzchen der Solidarität weiterwachsen und widerstandsfähig werden konnte, meldeten sich die Egoisten zurück, übernahmen die Covididioten die Diskussion. Je absurder das Geschwafel, desto lauter der Widerhall. Jetzt ging es nur noch darum, die Wissenschaft gegen krude Verschwörungsfantasien zu verteidigen, und nicht mehr darum, die richtigen Lehren aus der Pandemie zu ziehen.

---

144 Heinsberg ist eine Kleinstadt in Nordrhein-Westfalen. Hier ereignete sich der erste große Coronaausbruch in Deutschland.

Seit einigen Wochen werden die Einschränkungen schrittweise zurückgenommen und eine gewisse fragile Normalität kehrt zurück. Für Pfleger*innen applaudiert niemand mehr. Und ob die Systemrelevanz des Einzelhandels und der Logistik in den nächsten Tarifverhandlungen sich für die Beschäftigten finanziell auszahlen wird, bezweifle ich. In China scheint derweil die lange befürchtete zweite Welle zu starten, während weltweit die Zahl der täglichen Neuinfektionen und Sterbefälle der ersten Welle immer neue Höhepunkte erreicht.

Die „Corona-Scheiße" ist leider noch lange nicht vorbei. Wir können nur kurz durchatmen.

sensor #85; Juli/August 2020

Falk Fatal und die sechs Corona-Typen

In der Krise zeigt der Mensch sein wahres Gesicht. Und alle reagieren anders darauf. Da bildet Corona keine Ausnahme. Trotzdem weist unser Verhalten Ähnlichkeiten auf, sodass wir sechs Typen im Umgang mit der Pandemie identifizieren konnten.

Die ehrlich Besorgten: Diese Gruppe nimmt CoViD-19 ernst, befolgt die Schutzmaßnahmen, versucht das Beste aus der Situation zu machen, und hofft, dass der Spuk möglichst bald vorbei ist.

Die Überkorrekten: Sie nehmen es mit den verordneten Schutzmaßnahmen ganz genau, besonders mit dem Tragen der Mund-Nasen-Bedeckung. Selbst wenn sie allein im Auto sitzen, tragen sie ihre Maske korrekt. Und sie lassen es alle wissen, wenn sie jemand erblickt haben, der nicht so penibel ist wie sie. Jede Person, die die Maske falsch oder gar nicht trägt, wird in den sozialen Medien mit Stolz geschwellter Brust gebrandmarkt. Alle sollen wissen, an ihnen liegt es nicht, wenn die zweite Welle über uns hereinbricht.

Die nervenden Dummschwätzer: Sie posten regelmäßig lange Texte in lokalen *Facebook*gruppen, in denen sie die aktuellen Erkenntnisse von Professor Drosten und des RKIs wiedergeben und die abgeleiteten Maßnahmen manchmal mit einem wohlwollenden „Da gehe ich mit" quittieren. Dass sie keine Virologen, Mediziner oder Wissenschaftler sind, erfährt man oft nur am Rande. Warum sie das machen? Vermutlich sind sie in Kurzarbeit und können aktuell ihre Kollegen nicht nerven, deshalb missbrauchen sie dafür jetzt das Internet.

Die sorglosen Hedonisten: Diese Gruppe feiert wilde Partys, hält sich nicht an Mindestabstände oder Maskenpflicht und denkt sich: „Mir wird schon nichts passieren."

Die Mitläufer: Sie erkennt man an der Maske, die gerade so den Mund verdeckt, die Nase aber freilässt. Das ist zwar ähnlich sinnvoll, wie die Unterhose nur so weit hochzuziehen, dass der Penis über dem Bund baumelt, aber das stört sie nicht. Sie zeigen damit, dass sie die Pandemie und die Schutzmaßnahmen eigentlich nicht ernst nehmen, aber auch nicht anecken wollen. Zur Not lässt sich die Maske immer noch schnell über die Nase ziehen, wenn sie jemand darauf anspricht.

Die Asozialen: Diese Gruppe findet man mittlerweile vor allem bei Telegram[145] in Gruppen wie den „Corona Rebellen Mz/Wi" und sogenannten „Hygiene-Demos". Dort wird die Existenz des Virus mal schlicht geleugnet, mal ist es eine Erfindung von Bill Gates oder den Chinesen. Die Juden haben natürlich auch ihre Finger im Spiel, und an allem ist selbstredend Angela Merkel schuld. Diese Gruppe ist pathologisch. Ähnlich wie eine Sekte sind sie mit Fakten nicht zu erreichen. Dass sie damit ihre eigene und vor allem die Gesundheit ihrer Mitmenschen aufs Spiel setzen, ist ihnen egal.

Welcher Typ bist du?

sensor #86; September 2020

---

145 Telegram ist ein kostenloser Instant-Messaging-Dienst zur Nutzung auf Smartphones, Tablets, Smartwatches und PCs, der in Russland entwickelt wurde.

Falk Fatal sagt „Ja" zur *CityBahn*

Als am 23. Juni 2016 das Ergebnis des britischen Referendums über den Verbleib in der Europäischen Union bekannt gegeben wurde, war die Überraschung groß: 51,89 Prozent der Wähler hatten für den Austritt des Vereinigten Königreichs aus der EU gestimmt. Was sich viele Briten und ausländische Beobachter nicht hatten vorstellen können, war eingetreten. Die britischen Europaskeptiker hatten sich durchgesetzt, das Vereinigte Königreich wird die EU verlassen.

An den Brexit muss ich immer mal denken, wenn ich die aktuellen Diskussionen über die *CityBahn* verfolge. Deren Bau ist für Wiesbaden vermutlich das wichtigste und größte Infrastrukturprojekt der nächsten Dekade. Am 1. November können die Wiesbadener Bürgerinnen und Bürger darüber abstimmen, ob die Straßenbahn gebaut werden wird oder nicht. Die *CityBahn* soll Bad Schwalbach, Taunusstein, Wiesbaden und Mainz miteinander verbinden, den bisherigen öffentlichen Nahverkehr zwischen diesen Städten entlasten und gleichzeitig Pendler dazu bewegen, das Auto öfters stehen zu lassen. Das wiederum soll die Schadstoffbelastung reduzieren und würde die Umwelt schonen.

Dass sich an der Verkehrssituation in Wiesbaden etwas ändern muss, dürften die Wenigsten verneinen, ebenso wenig, dass der gegenwärtige öffentliche Nahverkehr an seine Grenzen stößt. Über die Lösung des Problems dagegen wird zurecht gestritten.

Es ist verständlich, dass solch ein Großprojekt bei vielen keine Begeisterungsstürme auslöst und dass es Menschen gibt, die den Bau der *CityBahn* kritisch sehen oder komplett ablehnen. Das ist gut und muss so sein. Nicht verständlich ist allerdings die Art und Weise, wie ein Teil der *CityBahn*-Gegner Stimmung macht: nämlich so, wie einst die Brexiteers – jenseits der Sachebene, mit Populismus, persönlichen Angriffen und Unterstellungen gegenüber Befürwortern der *CityBahn*.

Der Brexit kam für viele auch deshalb überraschend, weil in den Umfragen zuvor die „Remainers" trotz allem vorne lagen. Gut möglich, dass sich deswegen einige von ihnen zu siegesgewiss waren und anstatt wählen zu gehen, am Tag des Referendums einfach zu Hause blieben. Deshalb ist zu hoffen, dass alle, die für den Bau der *CityBahn* sind, am 1. November im Wahllokal die Frage: „Soll der Verkehr in Wiesbaden, zur Vermeidung von Staus und weiteren Verkehrsbeschränkungen für den Autoverkehr, durch eine leistungsfähige Straßenbahn (*CityBahn*) von Mainz kommend über die Wiesbadener Innenstadt bis Bad Schwalbach weiterentwickelt werden, um Verkehrszuwächse aufzufangen und Umweltbelastungen (Luftverschmutzung, Lärmbelastung) zu verringern?", mit „Ja" beantworten. Damit es keine böse Überraschung gibt.

sensor #87; Oktober 2020

Nachtrag: Die böse Überraschung gab es dann doch. Beim Bürgerentscheid am 1. November 2020 stimmten nur 37,9 Prozent der Wählerinnen und Wähler für die *CityBahn*. Die Verkehrssituation in der Innenstadt ist weiterhin bescheiden.

Falk Fatal und die Unvernunft

Wir Menschen sind dumm und unvernünftig. Klar, wir können Dinge, die andere Lebewesen nicht können. Feuer machen zum Beispiel. Oder Getreide anbauen und passgenaue Kleidung nähen. Fluggeräte entwickeln, die uns zum Mond bringen, oder E-Mails schreiben, gehören auch dazu. Aber dafür machen wir auch Sachen, die andere Lebewesen niemals freiwillig tun würden.

Oder habt ihr schon einmal einen Orang-Utan gesehen, der sich einen Ziegelstein gegen die Stirn schlägt? Einen Maulwurf erlebt, der sich seinen Bau mit alten Autoreifen zumüllt, bis er sich nicht mehr darin bewegen kann? Oder eine Kuh gesehen, die sich auf ein Surfbrett stellt und damit das Dach eines zweistöckigen Hauses herunterrutscht, um anschließend, statt in einem Planschbecken, mit der Fresse auf dem Beton der Garageneinfahrt zu landen?

Und auch Hunde oder Katzen, die ja oft für einen Lacher gut sind, erlebt man selten, wie sie besoffen mit einer geladenen Knarre herumfuchteln und dabei dem besten Freund aus Versehen in den Fuß schießen.

Bei Menschen habe ich all das schon beobachten können. Einfach mal bei *YouTube* nach „Human Fails" suchen und genießen. Und wenn man sich nur lange genug die menschliche Unvernunft anschaut, spült einem der Algorithmus Reptiloiden, Reichsbürger und Flat-Earther in die Watchlist – was auch nicht gerade für die Intelligenz unserer Spezies spricht.

Aber eigentlich brauche ich kein *YouTube* für diese Erkenntnis, ein selbstkritischer Blick auf meine Vergangenheit reicht dafür. Meine 20er waren zwar eine aufregende, aber was mein Verhalten angeht, auch eine sehr dumme Zeit. Ich fuhr freihändig Fahrrad. Ich trank Bier auf Wein. Immer wenn ich fror, trank ich einen Korn. Und wenn ich dann noch weiter fror, fing ich an von vorn. Ich steckte meine Zigaretten ausschließlich mit Kerzen an, weshalb ich immer ein Grablicht mit mir trug, das ich vorher entzündete, wenn ich rauchen wollte. Ich wärmte Spinat auf, schluckte Kaugummis und Obstkerne herunter. Und im Freibad aß ich immer einen Heiße-Hexe-Burger, bevor ich vom Beckenrand ins Wasser sprang.

Fragt mich nicht, welcher Teufel mich damals geritten hat. Ich war jung und dumm und brauchte diesen Kick für den Augenblick, um mich lebendig zu fühlen.

Vielleicht steckt die Menschheit zurzeit ja auch in dieser Phase adoleszenter Unvernunft. Das würde mir zumindest die Hoffnung geben, dass der Wahnsinn dieser Zeit irgendwann ein Ende nimmt. Bei mir verschwand die törichte Adoleszenz mit zunehmendem Alter und steigender Verantwortung für mich und andere. Ich fürchte nur, wir Menschen sind längst darüber hinaus und befinden uns schon in der Phase des Altersstarrsinns.

Für die Zukunft heißt das nichts Gutes.

sensor #88; November 2020

Falk Fatal ist froh, wenn 2020 Geschichte ist

2020 – nimm es mir nicht übel, aber ich hoffe, ein Jahr wie dich müssen wir nicht mehr erleben. Du warst eine ätzende Rutschpartie, die vom Lokus aus durch die Kanalisation immer tiefer in die Scheiße geführt hat. Startschuss war in Thüringen, wo sich ein FDP-Politiker für drei Tage mit Stimmen der sogenannten AfD zum Ministerpräsidenten wählen ließ. Wenige Tage später verübte in Hanau ein Rechtsextremist einen Terroranschlag. Am 19. Februar erschoss er in zwei Shisha-Bars Ferhat Unvar, Mercedes Kierpacz, Sedat Gürbüz, Gökhan Gültekin, Hamza Kurtovic, Kaloyan Velkov, Vili Viorel Paun, Said Nesar Hashemi und Fatih Saraçoglu. Anschließend tötete er seine Mutter und sich selbst. Im Mai dann wurde George Floyd von Polizisten während einer gewaltsamen Verhaftung getötet. Sein flehender Ruf: „I can't breathe" wurde zum Schlachtruf der wiedererstarkten Black Lives Matter-Bewegung und führte nicht nur in den USA zu teilweise gewaltsamen Protesten gegen Rassismus und Polizeigewalt.

Doch wer glaubte, hiermit wären wir schon am Ende des Abflusses angelangt, lag falsch. Im Herbst meldete sich der IS mit Anschlägen in Paris und Wien zurück, um zu zeigen, dass sie faschistischen Terror immer noch können. Von dem aktuell laufenden Krieg zwischen Aserbaidschan und Armenien in Bergkarabach und dem immer noch andauernden Krieg in Syrien ganz zu schweigen. Derweil schreitet die Erderwärmung immer weiter voran. 2020 könnte in Europa das bisher wärmste Jahr seit Beginn der Wetteraufzeichnung werden. Dank der 22 Grad Anfang November stehen die Titelchancen gut. Und dann war da ja noch dieses Virus, das spätestens seit Ende Februar unser Leben in bisher nie gekanntem Maß einschränkt. Dieses Virus zeigt uns, auf welchen tönernen Füßen unsere Gesellschaft und unser Wirtschaftssystem eigentlich stehen. Eine Fledermaus kann genügen, um alles in Wanken zu bringen. Dieses Virus zeigt aber auch mal wieder, wie dumm, engstirnig und gefährlich Nationalismus und Populismus sind. Klimawandel und Pandemien lassen sich nicht mit martialischer Rhetorik, mit Kleinstaaterei oder dem Ignorieren von Fakten bekämpfen.

Diese Probleme sind größer als ein Staat. Diese Probleme können wir nur gemeinsam lösen. Indem wir nationale Egoismen endlich hinter uns lassen und uns als eine Einheit begreifen, die für eine gemeinsame Lösung kämpft. Immerhin: Donald Trumps Tage als US-Präsident scheinen vorerst gezählt. Vielleicht ein Hoffnungszeichen, dass der Wahnsinn seinen Höhepunkt überschritten hat. Und: Ein wirksamer Impfstoff scheint kurz vor der Marktzulassung zu stehen. Eine deutsch-amerikanische Co-Produktion übrigens. Vielleicht stecken wir ja noch nicht komplett in der Scheiße. Kommt gesund ins neue Jahr.

sensor #89; Dezember 2020/Januar 2021

Falk Fatal ist ratlos

Zwischen Washington und Wiesbaden mögen rund 6.500 Kilometer liegen, doch was am 6. Januar in der US-amerikanischen Hauptstadt geschehen ist, betrifft auch uns. Denn die Menschen, die das Kapitol gestürmt haben, finden wir auch hier. Es sind die „besorgten Bürger", die am 30. August 2020[146] mit der Flagge des Deutschen Kaiserreichs in der Hand die Treppe des Reichstags gestürmt haben, um die „Merkel-Diktatur" zu stürzen.

Es sind die „Querdenker", die in den Reisinger-Anlagen gegen die Tyrannei der Infektionsschutzmaßnahmen gewettert haben. Es sind die Leute, die glauben, die politische Elite ernähre sich von Kinderblut und Donald Trump wäre der Erlöser, der die Menschheit von diesem Bösen befreit.

Es sind die Menschen, die glauben, SARS-CoV-2 gäbe es gar nicht, oder der Virus wäre nicht gefährlicher als eine Grippe. Es sind die Menschen, die ihr Schicksal mit dem von Sophie Scholl gleichsetzen. Es sind die Menschen, die sich einen Judenstern anheften, weil eine Maskenpflicht für sie dasselbe ist wie der Holocaust.

Es sind die Menschen, die glauben, bei der Corona-Schutzimpfung würden uns Chips implantiert, damit man uns besser steuern kann. Es sind die Menschen, die glauben, Bill Gates und George Soros beziehungsweise die Volksrepublik China hätten die Pandemie veranlasst. Es sind die Menschen, die wissenschaftliche Erkenntnis für eine Meinung halten.

Es sind die Menschen, die für sich Meinungsfreiheit reklamieren, aber andere Meinungen zum Schweigen bringen wollen.

Es sind die Menschen, die an den großen Austausch glauben und zur Waffe greifen, um in Kassel[147], in Hanau[148], in München[149] oder

---

146 Während einer Demonstration gegen die Corona-Maßnahmen versuchte eine Gruppe esoterisch und rechtsextremistisch verwirrter Menschen den Reichstag zu stürmen. Sie kamen nur bis zur Reichtagstreppe.

147 Am 1. Juni 2019 wurde der Regierungspräsident im Regierungsbezirk Kassel., Walter Lübcke, auf der Veranda vor seinem Wohnhaus mit einem Kopfschuss aus geringer Entfernung von dem Rechtsextremisten Stephan Ernst ermordet.

148 Am 19. Februar 2020 ermordete in Hanau ein Rechtsextremist Gökhan Gültekin, Sedat Gürbüz, Said Nesar Hashemi, Mercedes Kierpacz, Hamza Kurtović, Vili Viorel Păun, Fatih Saraçoğlu, Ferhat Unvar, Kaloyan Velkov sowie seine eigene Mutter Gabriele Rathjen.

149 Bei dem rechtsradikalen Anschlag in München 2016 tötete ein 18-jähriger Deutsch-Iraner am 22. Juli 2016 am und im Olympia-Einkaufszentrum neun Menschen.

in Halle[150] den Blutdurst ihres antisemitischen und rassistischen Wahns zu stillen.

Es sind die Menschen, die den Bezug zur Wirklichkeit verloren haben – die den Tatsachen nicht mehr ins Auge blicken wollen, die sich komplett in einer Social-Media-Welt aus Lügen und Verschwörungsmythen verloren haben und sich immer weiter radikalisieren. Es sind die Menschen, die von Fakten und der Kraft des besseren Arguments nicht mehr überzeugt werden wollen. Es sind die Menschen, für die der Verschwörungsglaube zur Religion geworden ist.

Ich weiß nicht, wie wir diese Glaubenskrieger*innen wieder in die Wirklichkeit zurückholen. Ich habe keine Ahnung, wie wir diese Flut an Lügen, Hetze und Terrorfantasien stoppen, und gleichzeitig die Menschen widerstandsfähiger dagegen machen können. Ich weiß nur, wenn wir damit nicht sehr bald beginnen, wird der Sturm auf das Kapitol nicht der traurige Endpunkt von vier Jahren Trump gewesen sein, sondern der Beginn von etwas noch viel Schlimmeren.

sensor #90; März 2021

---

150 Nur durch viel Glück gelang es dem Rechtsextremisten Stephan Balliet nicht, am 9. Oktober 2019, an Jom Kippur, dem höchsten jüdischen Feiertag, in die Synagoge im Paulusviertel in Halle einzudringen und die dort versammelten Menschen zu töten. Stattdessen erschoss er wahllos eine Passantin vor der Synagoge und etwas später einen Mann, der sich gerade einen Döner kaufen wollte.

Falk Fatal will mehr Tourismus wagen

Wiesbaden will mal wieder am großen Rad drehen. In Biebrich[151] soll am alten Zollspeicher ein Riesenrad errichtet werden. Damit Wiesbadens größter Stadtteil Klein-London wird. Fluss und Schloss hat Biebrich schließlich auch.

"Ein großartiges Projekt für die Stadt", lobt Bürgermeister und Wirtschaftsdezernent Dr. Oliver Franz die Idee. Seine CDU-Parteikollegin Daniela Georgi sieht darin gar eine "Jahrhundertchance", den Tourismus und die heimische Wirtschaft insgesamt zu beleben. Die Attraktion würde der Stadt ein Alleinstellungsmerkmal verschaffen, ist Dr. Franz überzeugt. Seitdem das Riesenrad in Eltville[152] wieder abgebaut wurde, stimmt das sogar ein wenig – wenn man den Suchradius auf 15 Kilometer beschränkt und das Riesenrad der Mainzer Johannisnacht[153] außen vor lässt. Andere Städte haben schließlich auch schöne Riesenräder.

Aber in Wiesbaden hätten die Riesenradler am neuen Standort dann wenigstens eine gute Aussicht und die Passagiere müssten den Anwohnern am *Mauritiusplatz*[154] nicht mehr in die Wohnzimmer blicken. Das ist eine Verbesserung. Das verstehe ich, ebenso, dass sich ein erleuchtetes und abends fotografiertes Riesenrad am Rheinufer auf den Imagebroschüren der Stadt ganz gut macht. Ich frage mich trotzdem: Warum gerade ein Riesenrad und nicht eine Achterbahn oder einen Freefalltower? Und überhaupt: Ist der Rhein nicht Attraktion genug? Wollen wir künftig wirklich singen: "Warum ist es am Rhein so schön, warum ist es am Rhein so schön, am Rhein so schön? Weil in Biebrich ein Riesenrad steht, das seine Runden dreht, darum ist es am Rhein so schön!"

Ich weiß nicht. Aber andererseits: Vielleicht ist es gar nicht verkehrt, den Tourismus und damit die Steuereinnahmen anzukurbeln. Denn ein paar Kilometer weiter in der Stadtkämmerei war das Drehen am großen Rad nicht so erfolgreich. Bis zu 20 Millionen Euro

---

151 Biebrich ist der größte Stadtteil von Wiesbaden. Er liegt am Rhein.
152 Eltville am Rhein ist eine Kleinstadt im Rheingau.
153 Die Mainzer Johannisnacht ist ein jährlich stattfindendes Volksfest.
154 Der *Mauritiusplatz* ist ein zentral gelegener Platz in der Wiesbadener Fußgängerzone. Mehrmals im Jahr zu bestimmten Festivitäten wird auf ihm ein Riesenrad errichtet.

könnten durch die Pleite der Greensill Bank[155] verloren gehen. Man kann dem Stadtkämmerer dabei gar nicht einmal einen großen Vorwurf machen. Angesichts der seit mehr als zehn Jahren andauernden Niedrigzinsphase ist es schwer geworden, das Stadtgeld gleichzeitig sicher, aber auch ertragreich anzulegen. Und einfach alles in Bitcoin investieren, geht natürlich auch nicht. Vielleicht tröstet es, dass es rund 50 weiteren Kommunen ähnlich geht.

Deshalb sollte Wiesbaden mehr Tourismus wagen und sich nicht nur mit dem RheinRad begnügen, sondern weitere Attraktionen bieten. Am *Platz der Deutschen Einheit* wird die Erdogan-Statue[156] wieder aufgestellt, das schafft internationale Medienpräsenz. Die Spielbank Wiesbaden öffnet für eine Dostojewski-Woche die Kolonnaden für Twitch-Gamer und lässt das Event von *Knossi*[157] präsentieren.

Dann dreht Wiesbaden wirklich am Rad. Und der Verlust wiegt gar nicht mehr so schwer.

sensor #91; Mai 2021

---

155 Die Greensill Bank war ein deutsches Geldinstitut mit Sitz in Bremen, das im März 2021 in die Insolvenz gehen musste. Bei der Greensill Bank hatten zu diesem Zeitpunkt rund 50 Kommunen, darunter die Stadt Wiesbaden, Geld angelegt. Anders als bei Privateinlagen sind kommunale Gelder bei einer Bankenpleite nicht durch die Einlagensicherung geschützt.

156 Im Rahmen der Biennale war im August 2018 in einer Nacht-und-Nebel-Aktion eine Erdogan-Statue auf dem *Platz der Deutschen Einheit* errichtet worden. Da die Stadt Ausschreitungen befürchtete, wurde die Statue einige Stunden später wieder entfernt. Der Vorfall erlangte internationale Aufmerksamkeit, sogar die New York Times berichtete darüber.

157 *Knossi* ist ein deutscher Livestreamer und Pokermoderator.

Falk Fatal wünscht sich Zeitreisen

Na, wie ist die Stimmung da draußen? Ich hoffe gut oder wenigstens im Aufschwung begriffen. Meine Laune war zuletzt etwas im Keller. Corona zehrt an den Nerven. Doch jetzt bessert sich meine Stimmung langsam. Immer öfter bekomme ich in meinem Freundes- und Bekanntenkreis auf die Frage: „Schon geimpft oder wartest du noch?" ein „Schon geimpft" als Antwort. Und das gibt mir Hoffnung, dass wir ab Herbst vielleicht doch ein etwas normaleres Leben führen können als in den Monaten zuvor.

Ich freue mich auf mein erstes Konzert im *Schlachthof* oder in der *Kreativfabrik*, auf das erste gezapfte Pils im *Café Klatsch* und selbst wieder vor Publikum aufzutreten. Vor allem freue ich mich aber darauf, endlich wieder Menschen zu begegnen, ohne dass eine innere Corona-Warnleuchte glimmt.

Ich gehöre noch zur Gruppe der Wartenden. Ich weiß nicht, wie lange ich warten muss. Ich zähle zu keiner Risikogruppe und bin nicht systemrelevant. Es wird vermutlich noch etwas dauern, bis ich die Spritze in den Oberarm gesetzt bekomme. Und mir werden für eine kurze Zeit Dinge versagt bleiben, die Geimpfte und Genesene dann schon dürfen. Natürlich könnte ich darauf jetzt neidisch sein. Das werde ich auch ein wenig sein. Aber es ist kein boshafter Neid. Ich gönne es allen, die schon geimpft worden sind. Und ich freue mich für sie. Denn je mehr Menschen geimpft wurden, desto schneller kommen wir der erhofften Nach-Corona-Normalität näher.

Ich verstehe deshalb die Menschen nicht, die sich nicht impfen lassen wollen. Diejenigen, die es aus medizinischen Gründen nicht können, sind davon natürlich ausgenommen. Die Impfung bietet einen schnellen Ausweg aus der Pandemie, das Risiko schwerwiegender Nebenwirkungen ist verschwindend gering. Wenn es wirklich nur darum ginge, dürfte niemand der Impfgegner:innen mehr vor die Haustüre treten. Der morgendliche Weg zur Arbeit ist deutlich gefährlicher als jede Corona-Impfung.

Gerne würde ich dazu einmal einen Menschen aus der Vergangenheit befragen, der seine gesamte Familie und das halbe Heimatdorf durch die Pocken verloren hat.

Mich würde interessieren, was er getan hätte, wenn es damals schon einen Impfstoff gegen Pocken gegeben und ihm Leute erzählt hätten, dass er den Impfstoff nicht nehmen solle, da ihm sonst Mikrochips eingepflanzt werden, er Langzeitnebenfolgen zu erwarten hat und sein Erbgut verändert wird?

Hätte er geantwortet, dass Ersteres Quatsch ist, Zweiteres längst eingetreten wäre und Letzteres biologisch nicht möglich ist? Oder hätte er sich einfach nur an den Kopf gegriffen?

Leider ist Zeitreisen nicht möglich. Eine abschließende Antwort wird es nicht geben. Aber ich habe da so eine Vermutung, wie diese ausfallen würde ...

sensor #92; Juni 2021

Falk Fatal nach Corona

Der Himmel ist blau, die Sonne ist fast nie von Wolken verdeckt, die Temperaturen klettern in die Höhe. Und kaum ist der Sommer endlich da, sinken die Inzidenzen und das Leben beginnt langsam wieder, sich zu normalisieren. Die Menschen strömen auf die Straßen, die Parks sind voll mit Familien und ihren spielenden Kindern und jungen Leuten, die die Sonne genießen, und die Fußball-EM macht auch mehr Spaß, wenn Zuschauer:innen in den Stadien sind. Die Freibäder laden zum Kopfsprung ein und noch viel wichtiger: die Außengastronomie hat wieder geöffnet.

Die Außengastronomie! Ich weiß nicht, wie oft ich dieses Wort in den vergangenen Wochen gehört habe, aber es war oft. Neulich bin ich sogar gefragt worden, ob ich die Außengastronomie schon genutzt habe. So haben wir vor Corona jedenfalls nicht geredet. Da hieß es einfach: „Draußen nur Kännchen!"

Fast scheint es so, als sei der Coronaspuk vorbei, nur vereinzelte Masken, die an Handgelenken baumeln oder unter dem Kinn hängen, zeugen noch von der Pandemie. Der Neustart wirkt wie ein Déjàvu aus dem vergangenen Jahr. Doch jetzt ist die Hoffnung berechtigt, – wenn nicht doch noch eine Killermutation auftritt oder die Schwurbler:innen recht hatten und wir alle von Bill Gates gechippt wurden, – dass wir das Schlimmste hinter uns haben.

Wir können uns anderen Fragen widmen. Zum Beispiel: Wie wird das Leben nach Corona sein? Diese Frage wartet seit Ausbruch der Pandemie schließlich auf eine Antwort, auch wenn sich viele Zukunftsforscher:innen immer wieder daran versucht haben. Die Krise sei eine Chance, meinten einige. Corona sei der langersehnte Wendepunkt. Nach der Pandemie würden die Menschen wieder freundlicher miteinander umgehen, das Leben würde sich entschleunigen und überhaupt würde alles viel besser werden.

Zumindest der Radfahrer, der mich zuerst auf dem Zebrastreifen fast über den Haufen fuhr und anschließend als dumme Drecksau beschimpfte, hat noch nichts davon gehört, dass wir nach Corona alle freundlicher miteinander umgehen werden. Und wenn ich mir meine Umwelt so anschaue, gibt es einige Menschen mehr, die von dem Wind of Change noch nichts mitbekommen haben. Aber genau genommen sind wir ja auch noch in Corona. Vielleicht kommt der Radfahrer mit weiter sinkenden Inzidenzen doch noch zur Einsicht und entschuldigt sich das nächste Mal, wenn er mich auf dem Zebrastreifen rammt.

Ich glaube trotzdem nicht, dass die Welt nach Corona so viel anders als die Welt vor Corona sein wird. Und es wird uns nicht weiter stören. Wir werden einfach froh sein, dass es nicht mehr so schlimm ist wie während Corona. Immerhin.
 Genießt den Sommer!

sensor #93; Juli/August 2021

Falk Fatal und der Superblock

Woran erkennt man einen waschechten Wiesbadener? An der Zornesröte, die ihm ins Gesicht schießt, sobald er die Wörter „Autofreier Sonntag" liest oder hört. Das funktioniert auch mit „Fahrradfahrer", „digitales Verkehrsleitsystem" oder „Kowol"[158]. Der Wiesbadener liebt sein Auto über alles und verteidigt es mit Klauen und Zähnen. Wenn er glaubt, jemand wolle seinem Auto etwas wegnehmen, dann fährt er schweres Geschütz auf. Er startet eine Initiative Pro Auto und tritt damit zur Kommunalwahl an. Und dass, obwohl es die FDP[159] gibt. Der Wiesbadener liebt sein Auto sehr. Dass noch niemand auf die Idee gekommen ist, die Bismarck-Statue im *Neropark* gegen ein Autodenkmal auszutauschen, liegt nur daran, dass es seit einigen Jahren kein ordentliches Sommerloch mehr gibt, in dem solch ein Vorschlag mit der angemessenen Ernsthaftigkeit diskutiert werden könnte.

Aber der Wiesbadener hat ja recht. Autofahrer haben es nicht leicht in dieser Stadt. Die Parkplatzsuche ist ein Graus, das Anwohnerparken ein Witz und die Baustellen ein Affront. Selbst, wenn nicht die Fahrbahnen ausgebessert, neue Ampelsysteme installiert oder Umweltspuren ausgewiesen werden, steht der Wiesbadener im Stau. Und wenn der Verkehr doch mal fließt, hat wieder irgendwer die Verkehrsführung geändert, und der Wiesbadener muss jetzt anders abbiegen als die Jahre zuvor und soll der Beschilderung folgen. Dabei ist das Auto doch ein Symbol der Freiheit. Wenn jetzt noch die Gurtpflicht kommt, bleibt dem Wiesbadener nur noch das Telefonieren mit dem Handy am Ohr und der anderen Hand am Steuer.
 Doch man muss Verständnis haben. Der Wiesbadener hat Angst, dass es ihm wie den Rauchern ergeht. Zuerst durften sie nicht mehr in Flugzeugen rauchen, dann verboten sie die Fluppe im Großraumbüro und am Schluss wurden sie aus den Restaurants geschmissen. Dieses Schicksal hat der Wiesbadener vor Augen, wenn er vom

---

158 Andreas Kowol (Bündnis 90/Die Grünen) war zu diesem Zeitpunkt Umwelt- und Verkehrsdezernent der Stadt Wiesbaden.

159 Die Wiesbadener FDP hat den Ruf, seit Jahren eine autofreundliche Politik auf Kosten des Nahverkehrs zu machen. Man sollte meinen, eine Initiative Pro Auto wäre deshalb nicht notwendig.

Superblock-Sonntag[160] liest: Auf die zehnstündige Verbannung aus dem Kiez folgt die Erhöhung der Kfz-Steuer und schließlich die autofreie Innenstadt.

So weit wird es der Wiesbadener nicht kommen lassen! Ihn schleppt man nicht so leicht ab! Wer seinem Auto an den frisch gewachsten Lack will, bekommt Tacheles zu hören. Denn wenn er schweigt, dann würde es ihm wirklich wie den Rauchern ergehen. Die haben sich mit den neuen Regeln arrangiert und finden es gar nicht mehr schlimm, in einer Kneipe zu sitzen, in der man keine Nebelleuchte braucht, um die Toilette zu finden. Doch genau davor hat der Wiesbadener Angst: dass ihm eine Veränderung, bei der er sich ein wenig zurücknehmen muss, am Ende sogar gefallen könnte, weil sie auch ihm zugutekommt – und wenn es nur ein Sonntagnachmittag ist, den er bei einem kleinen Straßenfest mit seinen Nachbarn verbringen kann.

sensor #94; September 2021

---

160 Der Superblock-Sonntag sah vor, dass mehrere Straßen in Wohngebieten von 10 bis 21 Uhr für den Verkehr gesperrt werden und stattdessen die autofreien Straßen von den Bürgerinnen und Bürgern mit Leben gefüllt werden. Kurz nach Veröffentlichung der Kolumne wurde der Superblock-Sonntag aufgrund steigender Corona-Zahlen auf den 3. Juli 2022 verschoben. An diesem fand er dann auch statt und soll ein voller Erfolg gewesen sein.

Falk Fatal und der Bundestagswahlkampf

Ich habe keine Ahnung, wie die Bundestagswahl ausgegangen ist[161]. Welche Partei die meisten Stimmen geholt hat, welche Regierungskoalitionen möglich sind oder ob es eine unvorhergesehene Wendung gab, denn ich schreibe diese Zeilen zwei Wochen vor der Bundestagswahl. Redaktionsschluss sei Dank.

Aber was war das für ein Wahlkampf! Angeblich war's der langweiligste und niveauloseste Wahlkampf aller Zeiten, in dem es nicht um Inhalte, sondern nur um Personen und Nebensächlichkeiten ging. Es ging also zu, wie in den meisten Bundestagswahlkämpfen zuvor auch. Unterhalten hat er trotzdem. Was dieses Mal aber anders war: dass es zwei Kandidaten und eine Kandidatin gab, die sich alle drei zeitweise ernsthafte Chancen auf das Kanzleramt ausrechnen konnten. Das allein macht diesen Wahlkampf so besonders. Es war zudem die erste Bundestagswahl seit 1949, bei der kein Amtsinhaber oder keine Amtsinhaberin zur Wiederwahl angetreten ist.

Zur Wahl stand das freundlich lachende Keksgesicht Armin Laschet, das auch im Katastrophengebiet seinen Humor nicht verliert und gerne mal Klausurnoten würfelt. Dafür findet er selbst in der Wüste Gobi zielsicher das eine, gut versteckte Fettnäpfchen, um dann mit Wonne hineinzuspringen.

Seine ärgste Konkurrentin war lange Zeit Annalena Baerbock, die anfangs auf einer Umfragen-Monsterwelle surfte, dann aber von Plagiatsjägern erlegt wurde. Die zahlreichen Lügen, die über sie verbreitet wurden und ihren Lebenslauf dazu im Vergleich fast professionell erscheinen lassen, taten ihr Übriges.

So konnte dann Olaf Scholz, ein Kandidat so farblos, dass er vor einer grauen Rigipswand stehend mit seinem Hintergrund verschmilzt, das größte Comeback seit *Rocky Balboa* im Rückkampf gegen *Apollo Creed*[162] feiern, und bis zum Redaktionsschluss die Umfragen anführen.

---

161 Aufgrund des Redaktionsschlusses der **sensor** Ausgabe schrieb der Autor die Kolumne vor der Bundestagswahl 2021, die Kolumne erschien aber erst nach Beendigung der Bundestagswahl.

162 In Teil 2 der „Rocky"-Filmreihe gewinnt der Filmheld *Rocky Balboa* im Rückkampf gegen den amtierenden Schwergewichtsweltmeister *Apollo Creed*, gegen den Rocky in Teil 1 noch verloren hatte.

Ich muss gestehen: Ich habe nie und nimmer damit gerechnet, dass gerade Olaf Scholz der Phoenix ist, der die SPD aus der Asche führen kann. Andererseits besitzt er diese Teflonhaftigkeit, die einerseits jede Kritik an seinen Rollen bei dem durch Brechmittel verursachten Tod von Achidi John[163], den Skandal um die Warburg Bank[164] oder der dysfunktionalen Finanzaufsicht Bafin, die lieber Journalisten anzeigte, anstatt den Hinweisen über mögliche Bilanzfälschungen und Betrug bei Wirecard[165] nachzugehen, an ihm abperlen lässt, und die beim politischen Aufstieg noch nie geschadet hat. Und es hilft natürlich – Kompliment an das Wahlkampfteam an dieser Stelle – wenn man aus der Not eine Tugend macht und den grauen Kandidaten vor einem dunkelroten Hintergrund platziert. Das schafft Kontrast und macht plötzlich Konturen erkennbar, die vorher nicht zu sehen waren.

Ob das letztendlich zum Wahlsieg gereicht hat, wisst ihr mittlerweile. Ich habe derweil Spaß am zunehmend hitziger geführten Schlagabtausch und fiebere dem Wahltag entgegen. So spannend wie dieses Jahr war die Bundestagswahl schon lange nicht mehr.

sensor #95; Oktober 2021

---

163 Achidi John wurde am Morgen des 8. Dezember 2001 im Hamburger Stadtteil St. Georg wegen des Verdachts des Drogenhandels von Polizisten aufgegriffen und zur Beweissicherung in die Rechtsmedizin des Universitätskrankenhauses Eppendorf gebracht. Dort wurde ihm gegen seinen Willen und heftiger Gegenwehr ein Brechmittel zwangsweise durch die Nase eingeführt. Daraufhin verlor er das Bewusstsein, er starb vier Tage später am 12. Dezember 2001. Olaf Scholz war zu jener Zeit Erster Bürgermeister der Hansestadt Hamburg.

164 Die Warburg Bank ist eine inhabergeführte Privatbank in Hamburg, die in illegale Cum-Ex-Geschäfte verwickelt war und dadurch Steuerrückerstattungen in dreistelliger Millionenhöhe kassierte. Obwohl die Hamburger Finanzbehörde durch Hinweise der Staatsanwaltschaft Köln über die illegal erhaltenen Steuerrückerstattungen wussten, ließ die Stadt Hamburg die Rückforderung der Steuergelder verjähren. Olaf Scholz war zu jener Zeit Erster Bürgermeister der Hansestadt Hamburg.

165 Wirecard war ein deutscher Finanzdienstleister für elektronischen Zahlungsverkehr. 2020 musste das Unternehmen Insolvenz anmelden, da mehr als 1,9 Milliarden Euro verschwunden waren. Es stellte sich heraus, dass Wirecard jahrelang seine Bilanzen gefälscht hatte. Die deutsche Finanzaufsicht Bafin bekam von alldem nichts mit. Stattdessen erstattete sie im April Strafanzeige wegen des Verdachts auf Marktmanipulation gegen Journalisten der Financial Times, die zuvor kritisch über die Machenschaften von Wirecard berichtet hatte. Olaf Scholz war zu jener Zeit Bundesfinanzminister und damit Dienstherr der Bafin.

Falk Fatal und die Salztalbachbrücke

Als die *Salzbachtalbrücke* 1963 eröffnet wurde, war die Freude vermutlich groß. Die Südumgehung Wiesbaden führte den Rhein-Main-Schnellweg endlich bis zur Mainzer Straße[166]. Dass dieses Stahlbetonkonstrukt fast sechzig Jahre später einmal zum meist gehassten Bauwerk der Region Wiesbaden werden würde, ahnte damals wohl niemand.

Ausgelegt für 20.000 Autos pro Tag, kam die Brücke bald an ihre Grenzen. Das Verkehrsaufkommen stieg immens, zuletzt sollen mehr als 80.000 Fahrzeuge pro Tag die Brücke passiert haben.

Wie sich das Verkehrsaufkommen entwickeln wird, konnte Ende der 1950er, Anfang der 1960er-Jahre vielleicht wirklich niemand ahnen. Dass aber seitdem nur das Notwendigste getan wurde, um die Brücke für das deutlich höher als geplante Verkehrsaufkommen fit zu machen, verwundert dann doch ein bisschen. Während die Bausubstanz langsam wegbröckelte, wurde die *Salzbachtalbrücke* während der Rushhour zum bekannten Stautreffpunkt.

Beliebtheitswettbewerbe lassen sich so natürlich nicht gewinnen, besonders im brückengeplagten Wiesbaden. Wie unbeliebt die *Salzbachtalbrücke* ist, zeigen *Google*-Rezensionen. Selbst die Dauerbaustelle *Schiersteiner Brücke*[167] schneidet dort deutlich besser ab und kam bis zum Redaktionsschluss auf solide vier Sterne, während sich die *Salzbachtalbrücke* mit zwei Sternen zufriedengeben muss. Wären da nicht einige zutiefst sarkastische Fünf-Sterne-Bewertungen, die die Brücke als ein „Muss für jeden Stauliebhaber" beschreiben oder „die tolle Aussicht" loben, sähe es noch schlimmer aus. Und das zurecht. Die ohnehin schon miserable Verkehrssituation in Wiesbaden ist dank der Vollsperrung zur reinsten Zumutung für alle Verkehrsteilnehmer:innen mutiert.

---

166 Die Mainzer Straße ist eine der wichtigsten Ausfallstraßen Wiesbadens.

167 Die *Schiersteiner Brücke* führt über den Rhein und verbindet die Städte Mainz und Wiesbaden miteinander und ist einer der wichtigsten Verkehrsknotenpunkte. Solange der Autor zurückdenken kann, war eigentlich immer irgendwo eine Baustelle auf der Brücke oder war ein Teil der Fahrbahn gesperrt. Überregional ist die *Schiersteiner Brücke* durch ihre häufige Nennung bei Staumeldungen im Radio bekannt.

Einen Hauptbahnhof, den keine Züge anfahren können, gibt es wohl auch nur in Wiesbaden[168]. Wer es in diesem Chaos schafft, sich ohne erhöhten Bluthochdruck, Wutausbruch und schlechter Laune an sein Ziel zu navigieren, muss ein Diplom im Stoizismus[169] haben. Mindestens. Zumindest die Bahnfahrenden dürfen sich freuen. Am 6. November, 12 Uhr, soll das Scheißding gesprengt werden, und schon sechs Wochen später sollen die Züge wieder in den Wiesbadener Hauptbahnhof rein- und rausrollen können.

Autofahrer:innen müssen sich leider länger gedulden. Die neue Brücke über das Salzbachtal soll erst 2023 fertiggestellt werden. Hoffentlich bekommen nicht die Baufirmen den Zuschlag, die den Berliner Flughafen oder Stuttgart 21 pünktlich fertig gebaut haben, denn sonst wird das Martyrium noch ein bisschen länger dauern. Aber ganz egal, ob die neue Brücke 2023, 2033 oder 2043 eingeweiht werden wird: Ich bin mir sicher, die Freude wird groß sein. Und vielleicht fallen dann die *Google*-Bewertungen auch wieder etwas freundlicher aus.

sensor #96; November 2021

---

168 Da der Hauptbahnhof Wiesbaden ein Kopfbahnhof ist, gibt es nur einen Weg hinein und hinaus. Da die Bahngleise unter der einsturzgefährdeten Brücke durchführen, wurde der Bahnverkehr zum Hauptbahnhof gestoppt. Aus diesem Grund fuhren rund sechs Monate keine Züge in den Hauptbahnhof oder aus ihm heraus bis auf eine kleine Privatbahn nach Niedernhausen, deren Gleise kurz vor der *Salzbachtalbrücke* in Richtung Taunus abbiegen.

169 Der Stoizismus ist eine aus dem antiken Griechenland stammende Philosophie, bei der das Individuum durch emotionale Selbstbeherrschung sein Los zu akzeptieren lernt und mit Hilfe von Gelassenheit nach Weisheit strebt.

Falk Fatal hängt in der Zeitschleife fest

Wiesbaden im November. 7.30 Uhr. Die Kaffeemaschine steht auf on. Die Tasse füllt sich mit Präzision bis zum Rand. Jeden Tag Senseo für die Kickration. Draußen vor der Tür frisst sich ein Bandwurm aus Metall durch die Straßen der Innenstadt. Der Bandwurm kreuzt sich und verknäuelt sich. Er zuckt nur manchmal, wenn die Ampel ein paar Glücklichen freie Fahrt verspricht. Der Bismarckring ist blockiert und zeigt seine Eingeweide. Wie jeden Tag um diese Zeit.

Presslufthämmer pumpen den Beat für das Hupcrescendo, das in diesen Stunden niemals verstummt. Applaus gibt es dafür nicht. Das Publikum schleicht mit gesenktem Kopf vorbei, kein Interesse für Büromaschinen A – Z und Euro As Versicherungen, zu wichtig ist das Geschehen auf dem Smartphone-Display. Gegenüber der Fahrschule stehen Männer vor einer Kneipe und rauchen. Ein Schnapsatemwölkchen hält sich über dem Trottoir, überdeckt kurz den beißenden Marlboro-Geruch, bevor es diffundiert.

Welke Blätter bedecken den Mittelstreifen wie einen gelben Teppich und sind einige Tage später nur noch glitschiges Blattmaschee. Ein Hund hebt das Bein und pinkelt auf grauen Stein, einen Meter darüber hat jemand eine Botschaft hinterlassen: „Sheiße" steht dort gesprüht. Orthografisch knapp daneben, inhaltlich aber ein treffender Kommentar zum Zeitgeschehen. Sheiße! Pflegekräfte, die Alarm schlagen, Mediziner:innen, die die Triage fürchten, Politiker:innen, die darauf hoffen, dass sich die Lage schon irgendwie entspannen wird, während andere Beschränkungen fordern.

Waren wir an dieser Stelle nicht schon einmal? Vor einem Jahr? Und jetzt sind wir wieder hier? Als ob wir in einer Zeitschleife gefangen wären, nur genervter als vor einem Jahr. Denn jetzt gibt es Impfstoffe, die die Allermeisten vor dem Allerschlimmsten schützen können. Vor einem Jahr war der Impfstoff der Hoffnungsschimmer auf eine baldige Rückkehr der vermeintlichen Normalität. Jetzt ist er ein Beweis dafür, dass der Mensch nicht automatisch ein Homo oeconomicus oder ein solidarisches Wesen ist.

Stattdessen stehen wir immer noch vor der Frage: Freiheit oder Sicherheit? Wie weit darf die Freiheit der Unvernunft die Sicherheit der Übrigen gefährden? Wie weit darf die Sicherheit der Allgemeinheit die Freiheit der Einzelnen beschränken? Und wie viele Menschen müssen noch an diesem scheiß Virus sterben, bis wir uns auf eine Antwort geeinigt haben?

Die Ampel springt wieder auf Grün. Die Stahlkarawane zieht ein paar Meter weiter. Wie jeden Tag um diese Zeit. Bald wird wieder Abend sein. Die Schlacht von Sedan um den gleichnamigen Platz herum findet wieder statt. Hat man das nicht früher Parkplatzsuche genannt? Kommt gut ins neue Jahr.

sensor #97; Dezember 2021/Januar 2022

Falk Fatal und der Homo Wilhelminicus

Der Homo Wilhelminicus ist eine noch recht junge Gattung der Menschenaffen (Hominidae) in der Klasse der Säugetiere. Sein nächster Verwandter ist der anatomisch moderne Mensch (Homo sapiens). Die frühesten Fossilien des Homo Wilhelminicus wurden im Raum Wiesbaden gefunden und sind auf die 1860er Jahre datiert.
In der Biologie wird deshalb davon ausgegangen, dass eine Riesling-bedingte Gen-Mutation bei einigen im Wiesbadener Raum lebenden Homo sapiens deren DNA so stark veränderte, dass sich der Homo Wilhelminicus daraus entwickelte. Bis heute lebt der Homo Wilhelminicus meist in friedlicher Koexistenz mit im Raum Wiesbaden lebenden Homo sapiens.

Der Homo Wilhelminicus ist ein geselliges Wesen. Im Frühjahr, Sommer und Herbst sind der Platz um das Rathaus oder andere zentrale Plätze in den eingemeindeten Dorfgemeinschaften sein natürliches Habitat. Dort versammelt er sich mit seinesgleichen und nippt am Rieslingsekt. Im Winter trifft sich der Homo Wilhelminicus einen Monat lang auf dem Schlossplatz, um durch den Genuss von Glühwein den Sternschnuppen zu huldigen und auf breitere Alleen für seine Kutsche zu hoffen.
Die Kutsche ist des Homo Wilhelminicus liebster Gegenstand. Mit ihr steht er gerne im Stau und sucht Parkplätze. Weil das mit Drahteseln oder öffentlichen Personennahverkehrskutschen nicht möglich ist, ist er diesen Transportmitteln in inniger Feindschaft verbunden. Und dies posaunt der Homo Wilhelminicus beständig in die Welt hinaus. Mit diesem Kontaktruf macht er auf sich aufmerksam, um andere Artgenossen anzulocken.

Der Homo Wilhelminicus liebt die Ruhe. Deshalb klappt er die Bürgersteige jeden Abend um 20 Uhr nach oben. Wenn sich danach fünf Jugendliche lautstark unterhalten, sieht er sofort den Untergang des Abendlandes voranschreiten. Wenn Homo sapiens zu laut in Bierkaschemmen oder Tanzlokalen feiern, ruft der Homo Wilhelminicus den Schutzmann herbei und sucht so lange nach den richtigen Paragrafen in der Lärmschutzverordnung, bis man Angst hat, zu laut am Schaumkrönchen des Latte macchiato zu schlürfen.

Der Homo Wilhelminicus lebt gedanklich in einem historischen Fünfeck aus Maifestspielen[170], Jugendstilfassaden, Wilhelmstraßenfest[171], dem Kapellchen[172] und Kaiser-Friedrich-Promenaden[173]. Der Homo Wilhelminicus ist ein Mensch des Historismus. Er blickt gerne auf Zeiten zurück, die ihm heute golden erscheinen, weil der Glanz alles damals Schlechte überdeckt.

Würde der Homo Wilhelminicus nur öfters nach vorne schauen, dann wäre ihm die Zukunft vielleicht weniger suspekt.

sensor #98; Februar/März 2022

---

170 Die Internationalen Maifestspiele am Hessischen Staatstheater in Wiesbaden bestehen aus Opern- und Theaterinszenierungen sowie Ballett-Aufführungen und klassischen Konzerten.

171 Das Wilhelmstraßenfest ist eines der größten Straßenfeste Deutschlands. Es findet jedes Jahr am zweiten Juni-Wochenende statt.

172 Als „Kappellche" wird im Wiesbadener Volksmund manchmal die Russisch-Orthodoxe Kirche am Neroberg bezeichnet, die durch ihr goldenes Dach von weit her zu sehen ist.

173 Als Historismus wird das im 19. und 20. Jahrhundert verbreitete Phänomen bezeichnet, bei dem Architekten und Künstler auf Stilrichtungen vergangener Jahrhunderte zurückgriffen. In Wiesbaden ist dieses Phänomen an fast jeder Straßenecke zu beobachten.

Falk Fatal und der Krieg

Egal, was ich hier schreibe, es wird nicht dem gerecht, was die Menschen in der Ukraine seit dem russischen Angriff erdulden und erleiden müssen[174]. Ich kann mir nicht im entferntesten den Schmerz, die Angst, den Verlust und die Trauer, aber auch den Kampfeswillen und die Beharrlichkeit vorstellen, die die Menschen in der Ukraine und die, die aus ihr fliehen konnten, gerade fühlen müssen. Ich habe zum Glück nie unmittelbar einen Krieg miterlebt. Ich musste nie Nächte in Kellern oder Bunkern verbringen und darauf hoffen, dass die Bomben ihr Ziel verfehlen. Ich musste nie vor den zertrümmerten Resten eines Wohnhauses stehen, das vor wenigen Tagen noch mein Zuhause war. Ich musste nie eilig das Nötigste packen und mein bisheriges Leben hinter mir lassen: meine Familie, meine Freund:innen, meine Heimat, meine Träume – nicht wissend, ob ich sie jemals wiedersehen werde und wiederfinden kann.

Ich bin in den 1970er-Jahren geboren. Ich kenne Krieg nur aus dem Fernsehen und dem Internet. Am nächsten kam ich dem Krieg in den 1990er-Jahren, als auf dem Balkan der jugoslawische Bürgerkrieg tobte. Doch dieser drohte nie zu einem Flächenbrand zu werden, der ganz Europa in Schutt und Asche legen kann. Der Krieg gegen die Ukraine ist anders. Der hat das Potenzial dazu, wie er in der Ukraine gerade zeigt.

Wer noch die Bilder aus Grosny[175] oder Aleppo[176] im Kopf hat, nachdem die russische Armee mit diesen Städten fertig war, bekommt eine gute Vorstellung davon, wie Kiew, Mariupol oder Charkiw bald aussehen könnten oder zum Zeitpunkt des Erscheinens der Ausgabe vielleicht schon aussehen.

Ich kann nicht in Worte fassen, was die Flüchtenden und die in der Ukraine Verbleibenden durchmachen. Aber wir können denen helfen, die hierher kommen und Schutz suchen, und hoffen, dass die

---

174 Am 24. Februar 2022 marschierte die russische Armee in ukrainisches Staatsgebiet ein.

175 Grosny ist die Hauptstadt der russischen Teilrepublik Tschetschenien. In den beiden Tschetschenienkriegen wurden große Teile der Stadt zerstört.

176 Aleppo ist eine Stadt im Norden Syriens. Während des syrischen Bürgerkriegs wurden weite Teile der Stadt vor allem durch die russische Armee plattgemacht.

Hilfsgüter, die wir in die Ukraine schicken, die erreichen, die sie brauchen. Das ist besser als nichts, auch wenn es nichts ist. Denn das Töten wird es nicht verhindern, den Krieg nicht beenden. Das kann nur Wladimir Putin. Doch der macht nicht den Eindruck, als würden ihn der stetig wachsende Leichenberg und die immer schärfer werdenden Sanktionen groß beeindrucken. Völkische Nationalisten kümmert es nicht, wenn ihre Taten den Freihandel gefährden. Und so lange Europa, hier vor allem Deutschland als einer der Hauptabnehmer, weiterhin russisches Öl und Gas importiert, wird sich daran vermutlich wenig ändern, vielleicht auch nach einem Importstopp nicht.

Der russische Einmarsch in die Ukraine, der eigentlich schon 2014 begann, markiert eine Zeitenwende. Wenn irgendwann die Panzer nicht mehr rollen und die Kanonen schweigen, wird die Welt eine andere sein, aber keine bessere.

sensor #99; April 2022

Die 100. Kolumne

Das Jahr 2012 war für mich in vielerlei Hinsicht ein Neustart: neuer Job, neue Liebe, neue Wohnung. Und ein neues Stadtmagazin schickte sich an, die erstarrte Wiesbadener Medienlandschaft aufzuwirbeln. Der *sensor* stand in den Startlöchern und Dirk Fellinghauer suchte das Team, das den Wind dafür entfachen sollte. Ich weiß leider nicht mehr, ob ich ihn ansprach oder er mich, doch während ich eigentlich nur darauf hoffte, hin und wieder einen Artikel unterbringen zu können, hatte Dirk anderes im Sinn: Er bot mir eine monatliche Kolumne an.

Die Entscheidung fiel mir nicht schwer. Eine eigene Kolumne ist vermutlich der Traum aller Autor:innen, bedeutet sie doch Freiheit beim Schreiben und die Möglichkeit, gnadenlos persönlich zu sein – im Fall des *sensor*s ganz besonders. Es wäre zwar schön, wenn die Kolumne einen Bezug zu Wiesbaden hätte, aber letztendlich könne ich schreiben, was ich wolle, solange es interessant sei, erklärte mir mein künftiger Chefredakteur.

Zehn Jahre und 99 Kolumnen später, sitze ich an der 100. und kann sagen: Dirk hat sein Wort gehalten. Ich konnte über alles schreiben, was ich wollte. Nie kam eine verwunderte Nachfrage, wenn ich eine Kolumne in Reimform abgab, über Steffen Seiberts Telefonanrufe schrieb oder Tanzverbote beklagte, obwohl ich selbst nie tanze. Was ich aber im Lauf der Jahre noch viel mehr zu schätzen lernte, war Dirks hundertprozentige Unterstützung. Nie musste ich ein Wort ändern, nie musste ich einen Satz streichen oder eine Formulierung abschwächen, auch wenn das bedeutete, dass Anzeigenkunden abspringen oder Geschäfte den *sensor* nicht mehr auslegen wollen, weil ihnen der Inhalt meiner Kolumne nicht gefällt. Vielen Dank für die Rückendeckung!

Zehn Jahre *sensor* sind für mich aber auch jeden Monat die Frage: Über was soll ich in der nächsten Ausgabe schreiben? Manchmal liegt das Thema auf der Hand und ebenso schnell schüttele ich die Kolumne aus derselbigen. Oft habe ich zwei, drei lose Ideen, aus denen sich dann langsam der nächste Text herausschält. Zum Glück nur selten sitze ich bis kurz vor Redaktionsschluss vor einem weißen

Blatt Papier, raufe mir die Haare und ringe um jedes Wort, in der Hoffnung, dass daraus schon etwas Unterhaltsames oder Interessantes entstehen wird.

Zehn Jahre *sensor* sind zehn Jahre Lokaljournalismus, der nicht nur über den berühmt-berüchtigten Taubenzüchterverein berichtet, sondern die Vielfalt dieser Stadt zeigt, der Bock auf Zukunft hat und Themen Raum gibt, die in anderen Wiesbadener Medien allenfalls eine Randnotiz wären.

Der *sensor* bereichert diese Stadt und ich bin dankbar, meinen kleinen Teil beitragen zu dürfen. Ich freue mich auf die nächsten zehn Jahre.

sensor #100; Mai 2022

Nachtrag: Da nach Ausgabe 48 die Nummerierung des *sensor*s bei Ausgabe 50 weiterging, was aber bis jetzt niemandem auffiel, handelt es sich hier genaugenommen um die 99. Kolumne. Aber wir wollen ja nicht päpstlicher als der Papst sein, oder?

Besser wird's nicht mehr

Der Frühling ist da. In voller Pracht. Die Bäume leuchten saftig-grün, vom blauen Himmel strahlt die Sonne herab. Im *Dürerpark*[177] toben die Kinder über die Wiese und planschen im Bach, während die Eltern daneben auf einer Decke liegen und eine Entenfamilie ihre Runden dreht.

Ich mag den Frühling. Mit ihm kehrt das Leben zurück. Das Wintergrau wird mit satten Farben übertüncht. Es ist warm genug, um im Sommeroutfit den Nachmittag im Freien zu genießen, aber noch nicht heiß genug, um dabei im eigenen Schweiß zu ertrinken. Ich genieße diese Momente im Park mit meiner Liebsten, während um uns herum vergnügt das Leben tobt. Dieses Jahr noch ein bisschen mehr als sonst. Denn: Besser wird es nicht mehr werden. Dieses Gefühl verfolgt mich schon länger und es wird immer stärker: Besser wird's nicht mehr. Der Höhepunkt liegt hinter uns. Von nun an geht's bergab.

Das liegt natürlich an Russlands Krieg gegen die Ukraine. Die Schäden und das Leid sind schon jetzt immens. Tausende sind gestorben, Hunderttausende sind traumatisiert, Millionen auf der Flucht. Die wirtschaftlichen Folgen spüren wir erst langsam und doch sind sie nur ein kleiner Vorgeschmack auf das, was noch kommen wird. Und mit jedem weiteren Tag Krieg wird das Leid größer.

Doch auch wenn Putin nicht den roten Knopf drückt und der Krieg trotzdem augenblicklich enden würde, wäre der Ausblick nicht viel besser. Das IPCC[178] hat jüngst einen neuen Klimabericht vorgelegt. Die Prognose ist düster. Bis 2025 müssten die globalen CO_2-Emissionen ihren Höhepunkt erreichen und damit spätestens in drei Jahren sinken, bis 2050 müsste die Weltbevölkerung CO_2-neutral leben, um die schlimmsten Folgen der Klimakrise zu vermeiden. Drei Jahre bleiben der verkrachten Menschheit noch, um sich auf einen effektiven Plan zur weltweiten CO_2-Reduzierung zu einigen und

---

177 Der *Dürerpark* ist eine Parkanlage in Wiesbaden, die der Autor häufig mit seiner Lebensgefährtin und seinem Hund besucht.

178 IPCC steht für Intergovernmental Panel on Climate Change. In Deutschland wird die UN-Organisation oft als Weltklimarat bezeichnet. Er soll den weltweiten Forschungsstand über die Auswirkungen des Klimawandels zusammentragen und Vorschläge zur Minderung der globalen Erwärmung bewerten und unterbreiten.

umzusetzen. Drei Jahre, um aus vielen entgegengesetzten Interessen ein gemeinsames Ziel zu formen.

Ich weiß, Pessimismus ist einfach. Wenn man falschlag und das Schlimmste nicht eingetreten ist, hat man trotzdem gewonnen: die perfekte Wette. Doch wir hatten mehr als 40 Jahre Zeit, das drohende Unheil abzuwehren, mir fehlt die Hoffnung, dass uns das in den nächsten drei Jahren gelingt.

Am *Dürerpark* kündigt der Eiswagen mit quietschenden Hupgeräuschen sein Kommen an. Schon bildet sich eine kleine Schlange vor der Eisausgabe. Die Kinder zappeln und nehmen mit leuchtenden Augen die Waffel in Empfang. Ich nehme Pistazie und Erdbeere und frage mich, ob man irgendwann einmal sagen wird: „Weißt du noch damals, die gute alte Zeit, als die Kugel Eis noch 1,40 Euro gekostet hat?"

sensor #101 Juni 2022

subkultur

HC ROTH: „Wie aus mir kein Rockstar wurde"
Die ganze Wahrheit über HC Roth, Die Fetten Nelken, Fäidaboll und Österreich.

Wie überlebt man als Punk in der Provinz? Wie überlebt man eine Klosterschule? Wie überlebt man als Vegetarier in Österreich? Wie überlebt man ein Konzert, ohne sein Instrument zu beherrschen? Wie überlebt man dreckige Tattoostudios, Sprünge von Brücken und Zugverspätungen? Und wenn man all das überlebt hat, wieso ist man dann eigentlich kein Rockstar geworden?
HC Roth wird 40. Aus diesem Anlass geht er in seiner Autobiografie diesen existenzielle Fragen nach. Dafür hat er in seinen Erinnerungen gekramt, aber auch verlässlichere Quellen wie Kolumnen und Lesebühnentexte zitiert und seine Mutter befragt.

Edition Subkultur, Softcover, ca. 200 S.
print ISBN: 978-3-943412-49-9
epub ISBN: 978-3-943412-50-5

Mikis Wesensbitter: „An der Mittellinie stehen die coolen Jungs",
Die ganze Wahrheit über '82. Hautnah, erhellend und vollkommen nostalgiebefreit.

Sommer in Ostberlin.
Der 1.FC Union ist endlich wieder erstklassig.
Für Mikis und seine Freunde Kai und Wenzel beginnt nicht nur die achte Klasse, sondern ein ganz neuer Lebensabschnitt. Schließlich darf man, wenn man 14 geworden ist, ganz andere Dinge tun als vorher. Und so geht es zum ersten Mal ins Stadion an der Alten Försterei, die erste eigene Schachtel Semper muss organisiert werden. Und an den Geschmack von Bier muss man sich auch erst mal gewöhnen. Das ist aber nur der Anfang, denn da warten ja schließlich auch noch die Jugendweihe, die erste Rasur und vor allem, der erste Kuss … Es wird ein turbulentes Jahr werden.

Edition Subkultur, Hardcover ca. 224 S.
print ISBN: 978-3-948949-14-3
epub ISBN: 978-3-948949-15-0

www.edition.subkultur.de